よみがえる鉄道文化財

小さなアクションが守る大きな遺産

笹田昌宏
Sasada Masahiro

交通新聞社新書 079

よみがえる鉄道文化財——目次

第3章 鉄道文化財の命運は、社会情勢がカギを握る

第2部　鉄道文化財を掘り起こす!

第1章　すべては時間との勝負

第2章　掘り起こせ、鉄道文化財！

第1部

鉄道文化財が直面する〝厳しい現実〟

序章　頑強そうに見えて、色々な意味で脆い鉄道文化財

消えた岩手県・城山公園の車掌車たち

近代化遺産としての鉄道文化財への理解が深まってきた、と言われて久しい。各地で新たに保存される鉄道車両も増えてきた。しかし、立派な解説板まで建てられて、恒久的に残されるものだと思われていた保存車両が、あっさりと壊されてしまうケースが後を絶たない。つい先日も、こんなことがあった。岩手県紫波《しわ》町の城山公園での出来事である。

「確か、このあたりだったと思うのですが……」

歯切れの悪い私の言葉に、タクシーの運転手も、クルマを停めるべきか迷うように、ソロリ、ソロリと走り続けた。

「それを見たのは何年前なのですか?」

「2年ほど前なのですが」

「それで、どうされますか?」

要は、目的のものがなくなっている今、ここでタクシーを降りるのか、それとも駅まで引き返

すのか、客の私に決断を促していた。ここで降りてしまうと、駅まで歩いて戻らねばならないし、降りたところで目的のものはない。いっそ、このままタクシーに乗って駅まで戻ってしまおうかとも思ったが、たとえ無念の結末でも、きちんと見届ける必要がある。礼を言って料金を払い、タクシーを降りた。

4両もの鉄道車両があったはずの場所なのに、あまりにきれいに整地されてしまい、まるで痕跡が見当たらない。本当にここだったのか、自分でも確信が持てないほどだ。さんざん歩き回って、ようやく決定的なものを見つけた。白く塗り潰された解説板だった。目を凝らせば、うっすらと車両の意義を説明した文字やイラストが透けて見えた。やはりここだったのだ。そして車両たちは間違いなく姿を消していた。

他の場所に移されて残っているかもしれないという微かな可能性も考え、公園の管理事務所を訪ねた。

「あの車両でしたら、2年前に壊しましたよ」

望みも空しく、やはり車両たちはゴミと消えてしまっていた。

これが実際に体験した、寂しい現実の一端である。

2年前にこの城山公園を初めて訪れたとき、すでに車両たちはかなり荒れており、その危機を肌で感じ取った。ここにあった4両のうち3両がヨ5000形という古い形式の車掌車で、その中でも1950〜1958（昭和25〜33）年に製造のヨ3500形から改造されたタイプだった。終戦からの復興の時代に、貨物列車の最後尾に連結され、日本中を忙しく走り回っていたヨ5000形は、昭和の終わりまでに全車が引退し、現役のものは1両も残っていない。城山公園に保存されていた3両は、ペンキが幾重にも塗り重ねられた内装なども往時のままで残り、原型をよく留めた貴重な車両たちだった。

各地の保存施設や廃駅を訪れるたびに、これらの車掌車を受け入れてくれるような場所がないか気に掛けていた。最近になって、ようやくその可能性がありそうな候補地が浮かび上がってきて、再び城山公園を訪れたのだが、完全に手遅れだった。そもそも、私が前回訪れてからすぐに解体されていたのだから、間に合うはずもなかった。

このように、鉄道文化財は一見頑強そうに見えて、実は案外脆いという側面も持っている。現役を退いて数年も風雨にさらされると、たちまち荒れ始めてしまう。現役時代は定期的に車体の塗り直しなどの手入れが行われていたから美しさを保てただけで、決してメンテナンスフリーなどではないのだ。むしろ地が鉄板の分だけ、毎日の温度差や日差しといった影響を受けやすく、簡単に塗装がひび割れしてしまう。それをすぐにタッチアップしておかないと、隙間から雨水が

城山公園に保存されていたヨ5000形

きれいに整地されてしまい、まるで痕跡が見当らない現在

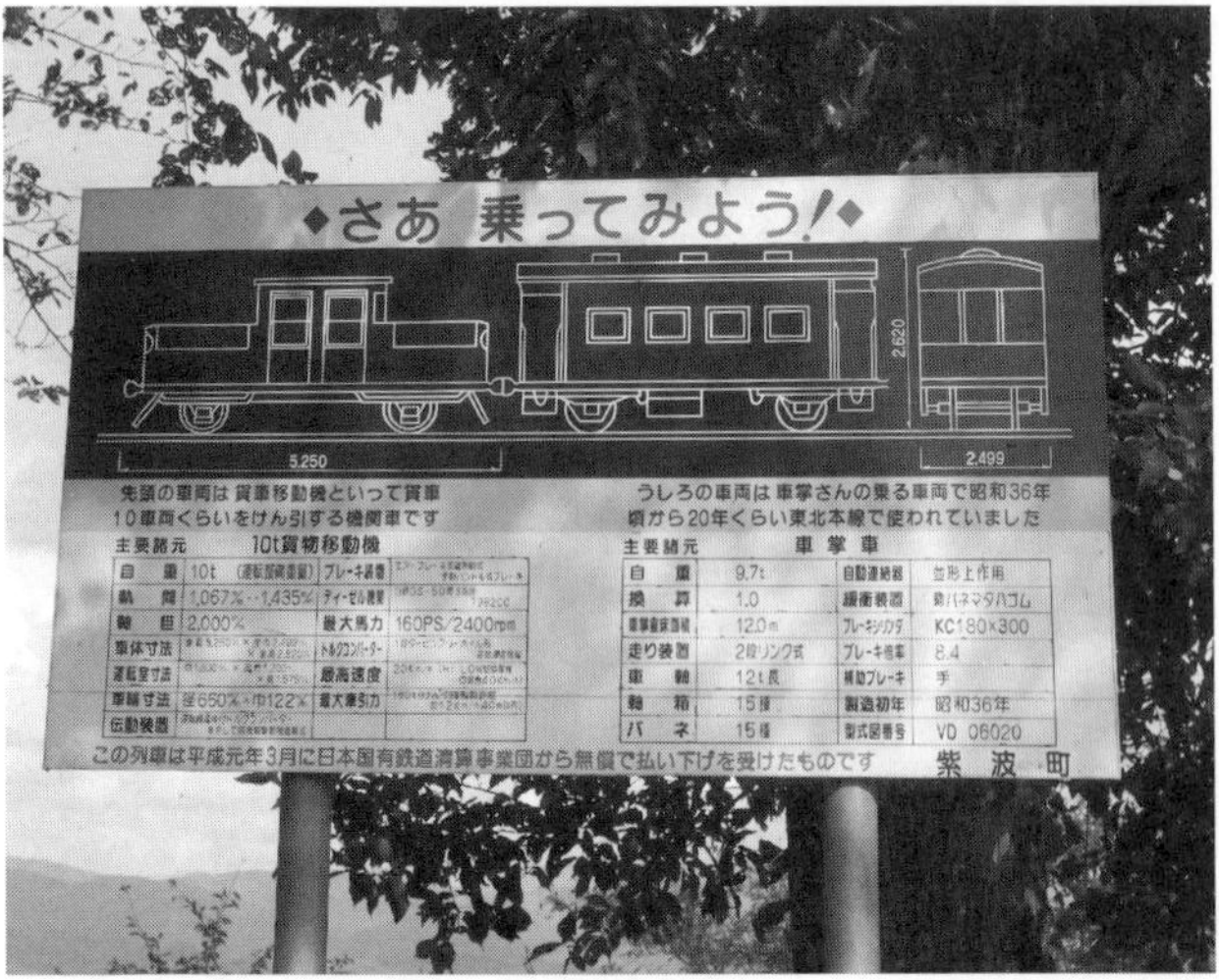

ヨ5000形が保存されていた当時の解説板

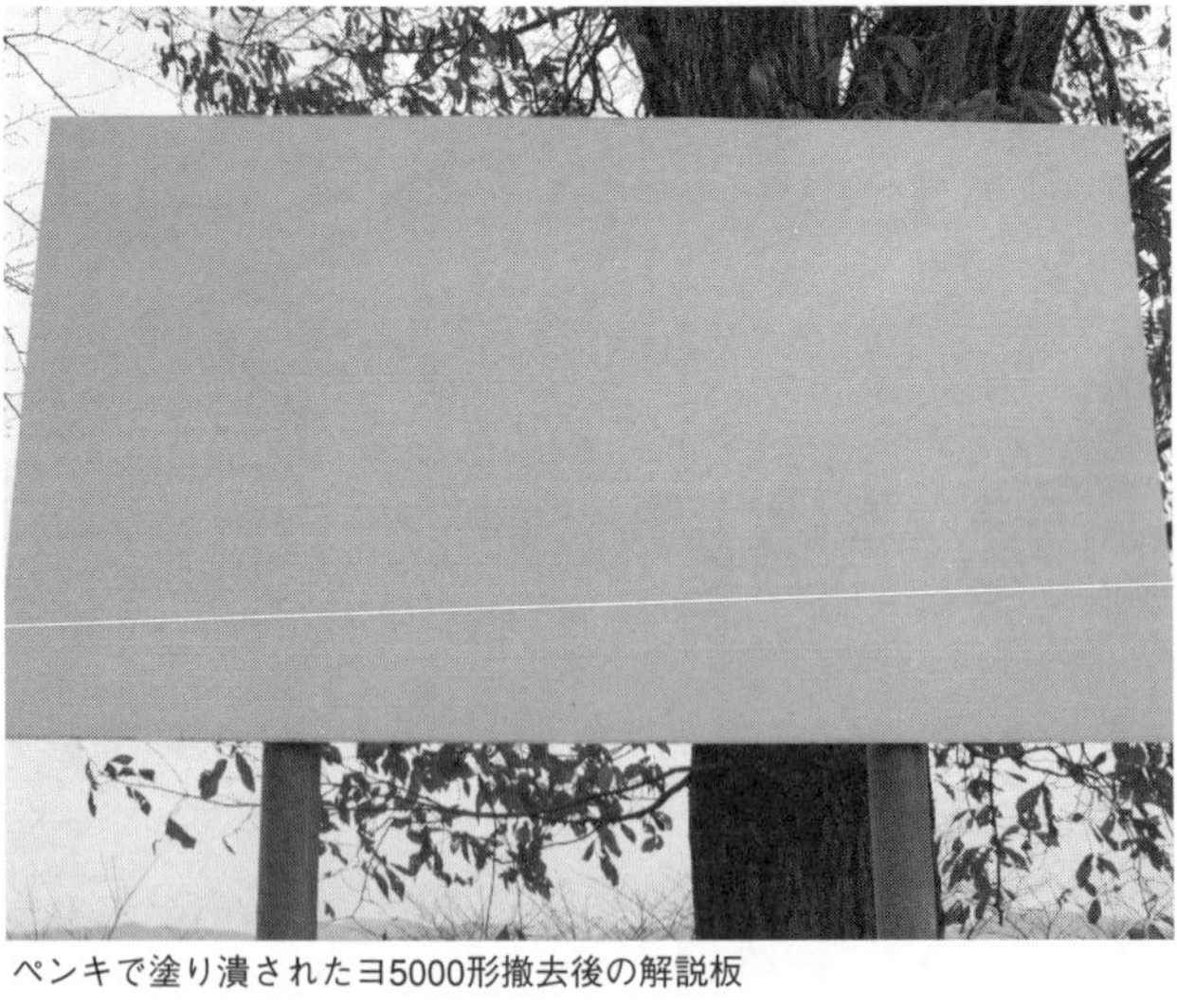

ペンキで塗り潰されたヨ5000形撤去後の解説板

入り込んで、パテから剥がれ落ちてしまう。一般の建物などより、はるかに手が掛かるのだ。しかも、まだ文化財としての価値評価も盤石ではないため、ちょっとした荒廃で市民から苦情でも寄せられようものなら、たちまち簡単に壊されてしまう。いわば社会的な脆さも持ち合わせていると言えるのだ。

このあとの章でも、歴史的価値を否定され、廃棄物として処分されてしまった車両たちの悲しい現実をいくつか紹介する。さらにそのあとで、ボランティアたちの奮闘で廃棄物化を阻止され、輝きを取り戻した鉄道文化財の実例を紹介したいと思う。

第1章　鉄道文化財を処分することは簡単なのか

100年の歴史を持つSLを解体する費用はいくら？

序章では、鉄道文化財の持つ脆さという側面について触れたが、そもそも、鉄道文化財とは、どのようなものを指すのであろうか。「鉄道の歴史上、価値の高いもの」ということになるが、具体的には車両のほか、駅舎や機関庫などの建造物、トンネルや橋梁などの構造物、そして文書や図面などの歴史資料も含まれることになる。そうした鉄道文化財を廃棄物として処分することは、そんなに簡単なことなのだろうか。もし、文化財としての指定を解除するのにすごく煩雑な手続きが必要であるとか、あるいは、解体するのには非常に多額の経費が掛かるとか、そういった高いハードルがあるのであれば、もう少し歯止めが掛かっても良さそうなものである。前者については、残念ながら大半の保存車両がそうした文化財としての指定を受けていないのが現状である。後者についてはいては、たとえば製造から100年を経たような蒸気機関車（以後、SLと表記）を壊そうとした場合、かなりの費用が掛かりそうに思えるが、実際にはどれほどの費用が掛かるものなのであろうか。

先日、それを具体的に示す興味深い試算を目にする機会があった。

福岡県志免《しめ》町で保存されていた9600形（29612号機）というSLのケースだったのだが、その解体費用はおよそ300万円と見積もられていた。炭水車を含めた総重量が94・3トンもある9600形を、アスベスト処理も含めて、たったこれだけの費用で壊すことができてしまうことに驚いた。

実はこの9600形、最初から解体が予定されていたわけではなかった。当初は、隣接する旧勝田線志免駅の跡に造られた鉄道公園に移設して整備しようという、とても前向きな話から始まっていた。その補修と移設に必要な経費として、1309万円の補正予算案が町議会に提出されたところ、高すぎると否決されてしまったのだ。

それならば、と代わりに提出されたのが解体するという案で、その費用として見積もられたのが300万円という金額だった。

補修と移設なら1309万円、解体なら300万円。その差が1000万円以上ともなれば、よほど説得力のある理由でも出てこない限り、この議論の行く末は自明であろう。単にSLに愛着があるとか、そういった感情論だけでは、この流れをひっくり返すのは極めて困難に思われた。

ただ、この9600形の場合には、その後に奇跡が起きた。

〝解体が始まる見通し〟との報道が流れてから、解体を惜しむ声が全国から寄せられ、新たな受け入れ先が名乗りを挙げたことが何よりの決定打となって、解体は回避された。

解体の報道から2カ月後の2014（平成26）年4月、9600形は一時保管と整備を受託した同県直方《のおがた》市の「汽車倶楽部」へと搬出された。将来は大分県玖珠《くす》町の旧豊後森機関庫で保存される予定という。

福岡県志免町で保存されていた当時の9600形29612号機と解説板

この9600形の場合はハッピーエンドで終わったが、このような幸運なケースはむしろ稀で、そのまま失われてしまう車両たちの方が圧倒的に多いのが現実だ。そのような実情となってしまう背景には、このような厳しい数字での議論があるのだった。そして、その厳しい議論を超えるだけの決定打を準備することができれば、この9600形のような奇跡を起こすことも可能だということを、このケースが端的に教えてくれた。

玉虫色のスタートが解体へのハードルを下げた？

鉄道文化財であるはずのSLを処分してしまおうという発想がいとも簡単に生まれてくる背景には、大掛かりな整備に費用を投じるよりも、解体してしまった方が圧倒的に安いという実情があることは分かったが、そもそもSLを保存しようと決定した時点で、長期的に整備費が掛かることは承知の上ではなかったのかという素朴な疑問も生まれる。

その疑問を紐解いていくと、一つの解に行き当たる。それは、誤解を恐れずに言ってしまえば、SLを保存するという発想を具体化していく際、その行為を極めて安易に捉えていたため、実際に保存を開始してからも長期的な整備のことにまで考えが及んでいなかったのではないかということだ。そう疑いたくなるケースが少なからず存在するのも事実だ。そのことが、解体へのハードルを引き下げる遠因ともなっているのではないかと思う。

SLの引退が相次いだ1970年代、それを惜しむように日本中がSLブームに沸いた。大量のＳＬの廃車に直面した当時の国鉄は、このブームをうまく捉え、ＳＬを公共施設などに無償貸与するという形を採ることによって、解体費用を掛けずに線路上からＳＬを引退させるという妙案を生み出し、実行に移した。

一方で、各市町村の首長は、大人気のＳＬを地元に誘致できれば大きな手柄になると熱くなり、ＳＬは全国各地で引っ張りダコとなった。誘致する際には、立派な大義名分が立てられ、〝日本の発展のために走り続けた牽引車〟、〝地域振興のシンボル〟、〝子供たちにとっての大切な教材〟ともてはやされた。最終的には旧国鉄の制式機だけで、延べ５００両近くのＳＬが全国津々浦々に展示される結果となった。ただ、あまりの人気の高さに、地域や形式ごとのバランスを調整する余裕もなくなり、地元にまったく縁もゆかりもないＳＬが遠方から運ばれてくるケースが相次いだ。

そのような玉虫色の発想からＳＬの保存がスタートした結果、受け入れた側できちんとした歴史的価値の評価ができていなかったり、旧国鉄からの借り物だという発想が当事者意識を稀薄にさせたりしていた可能性は否定できない。

そして、保存開始から40年以上が経過し、受け入れたころの熱意もすっかり冷めきって、ＳＬの劣化ばかりが目立つようになってくると、解体へのハードルもどんどん下がっていくというのは当然の帰結と言えた。そこに、何らかの逆風でも吹こうものなら、たちまち解体への流れができあがってしまうのだ。

ひとたびそうした流れが生まれてしまうと、それを食い止めることはなかなか難しい。詳しくは後述するが、２００５（平成17）年の夏、まさに突如として、そのような流れが猛烈な勢いで全国のＳＬに襲い掛かったことがあった。ＳＬの断熱材として使われているアスベストが健康被害を生むのではないかという懸念がクローズアップされたことをきっかけとして、全国各地でなだれを打つようにＳＬが公開中止となり、たちまちバリケードで囲まれ、壊されてしまうＳＬも相次いだ。

シンボルだ、教材だ、ともてはやしたＳＬを、今度はあっさりと壊してしまうという軽々しい対応に、戸惑いや腹立ちを覚えた方も少なくなかったであろう。だからこそ、日ごろからＳＬの歴史的価値について関心を高め、次世代の愛着を育てていくという、とても地道な作業が大切になるのだという当たり前のことを、改めて突きつけられた機会でもあった。

第2章　保存から一転、廃棄物として消えた車両たち

北海道まで運ばれた新幹線が消えた
―北海道・グリーン車215形ほか

まさかと思うような保存車両が急に消えて驚かされることがある。北海道七飯《ななえ》町の函館本線流山温泉駅のホームに横付けされて保存されていた200系新幹線の3両が解体された、という報道に接したときがまさにそれだった。

驚いたのにはいくつか理由がある。まず何より、解体されたのが新幹線の保存車両だったということだ。新幹線の車両というのは、当然ながら在来線の車両より大きく、輸送も設置も大変であるため、引退後に保存車両となるケース自体がそもそも少ない。本州でも新幹線の保存車両は珍しいぐらいであるから、それをはるばる北海道まで運んで展示したことを思うと、かなりのエネルギーが注ぎ込まれていたはずで、それを惜しげもなく3両同時に壊してしまったことに驚いた。

そして、驚いた点の2つ目が、解体された3両のうちの1両に、全国でも他に保存車両の存在

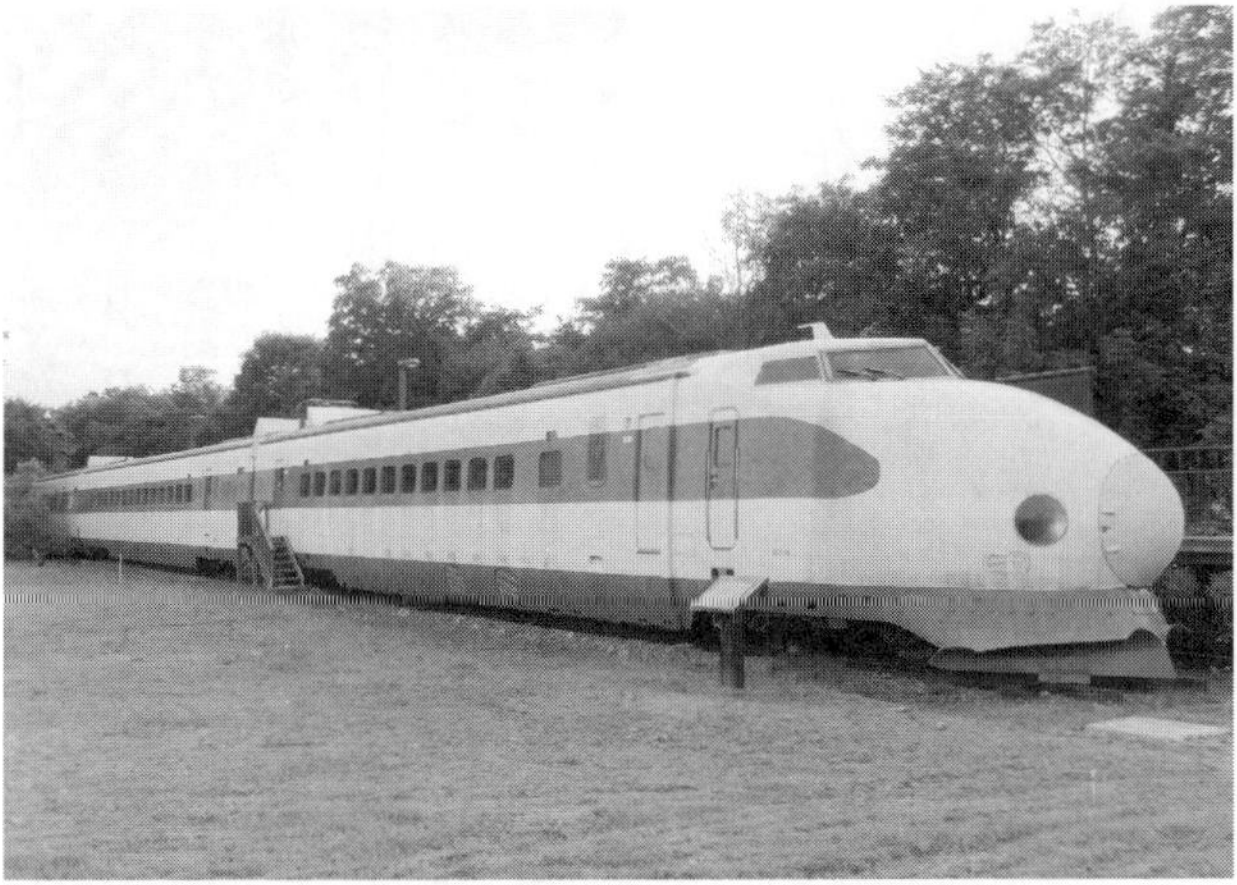

函館本線流山温泉駅のホームに横付けされていた200系新幹線

しないグリーン車の215形が含まれていたことだった。北海道内には全国でもトップクラスの鉄道保存施設が複数存在するが、そのいずれの施設でも新幹線の車両は保有していない。もし新幹線の保存車両が導入できるとなれば、喜んで受け入れたのではないかと予想できるし、それが全国で他に保存車両のない215形ともなれば、間違いなく目玉として歓迎されたのではないかと思う。

驚いた点の3つ目は、そのタイミングであった。ちょうど北海道では、初めての新幹線の開業までカウントダウンが始まったところで、新幹線そのものが大きな注目を集めている時期だったからだ。北海道新幹線の開業予定は2016（平成28）年の春で、その開業に向けて、2014（平成26）年12月1日に北海道新幹線のH5系新幹線が試験走行を始めた。

新聞でも、〝北海道新幹線、試験走行始まる　新函館北斗駅で歓迎式〟の大きな見出しが躍り、その翌週の12月7日には、青函トンネルをくぐって奥津軽いまべつ駅までの試験走行も無事に終わった。昔は青函連絡船に揺られなければ越えることのできなかった津軽海峡の下を、青函トンネルが貫通し、そして今度は新幹線車両が試験走行で走り抜けていくという、夢にまで見たことがついに現実となった瞬間でもあるのだ。それまで北海道民にとって遠い存在であった新幹線が、徐々に身近な存在となってきたことは間違いない。

それなのに、その北海道新幹線の実現を願って10年以上も前から展示が続けられてきた新幹線車両が、いつの間にか、ひっそりと撤去されてしまっていたのだから、何ともやるせない気持ちだった。

新幹線が消えた現場
―北海道・流山温泉駅

その200系新幹線の3両が展示されていた流山温泉駅は、函館駅から普通列車に乗って1時間ほどの位置にある。

1本しかない流山温泉駅のホームのうち、片側には現役の函館本線の列車が発着し、そして反

中間車は全国で唯一現存していた215形グリーン車であった

対側には新幹線車両が並ぶという夢のようなコラボで、しかも先頭車の２両に２１５形グリーン車が挟まるという、現実には存在しない〝超豪華編成〟でもあった。

　その傍らには解説板が設けられていたが、ここでその全文を振り返ってみよう。

「新幹線２００系車両は、昭和57年の東北・上越新幹線開業に伴い、それまで東海道新幹線等に使用されていた０系車両に代わって製造が開始されたもので、その最大の特徴は雪に強いということであります。

　展示されている車両は、昭和56年に製造され、東北新幹線大宮・盛岡間の開業と同時に『やまびこ』・『あおば』として使用され、平成13年9月にその使命を終えるまでの20年に８１１万㎞を走破

200系新幹線が撤去されたあとの流山温泉駅

しました。その距離は、実に地球を２０２周したことになります。

　新幹線の整備計画は、既に新青森駅までの開業は決定していますが、近い将来、この北の大地に新幹線が走ることを願って、ここに新幹線車両を展示することとしました。

平成14年4月27日　北海道旅客鉄道株式会社」

　この解説文でも分かるとおり、この新幹線車両が設置された当時は、まだ北海道新幹線の建設が本決まりになっていなかったころで、いわば願掛けのような意味合いで設置された要素もあったのだろう。それから10年の年月が経ち、いよいよその夢が実現間近まで迫った途端、もう用済みとばかりに解体されてしまった。全国でも1両しか残っていなかった２１５形グリーン車を展示していた意義は、北海道新幹線を誘致するための看板代わりだけだったのだろうか。

もし仮に鉄道保存施設までの移設が困難であったとしても、たとえば新函館北斗駅の近くに移設して展示すれば、北海道新幹線が営業運転を開始したあかつきには、新旧の新幹線が並ぶことでその発達史を一目で見ることもできた。そうした素晴らしい展示にも活用できたはずなのに、そうした検討が事前に十分に行われたのかどうか、それがよく分からないことも、すっきりしない点である。

というのも、これらの新幹線車両の解体が発表されたのは、工事の直前だったからだ。それから直ちに解体と撤去の工事が始まってしまったため、活用策を考えたり、保存の手立てを講じたりするだけの時間は残されていなかった。もし、もう少し時間があれば、前述したＳＬの９６０0形のケースのように、受け入れ先を探すことも可能であったかもしれなかった。後述する電気機関車のＥＦ70形のケースでも、当事者であった私は、北陸本線の沿線自治体すべてに手紙を送り、新聞やテレビなどの媒体もフル活用して受け入れ先を探し、結果として移設が実現した。

今回の解体発表のタイミングはあまりにもギリギリだったが、それは裏を返せば、そうした市民の動きを歓迎していなかったのではないかと勘繰れなくもない。今回のケースがそうなのかどうかは分からないが、もし解体という既定路線をどうしても完遂したい場合なら、撤去・解体のすべての段取りを整え、市民が動きの取れないギリギリのタイミングになってから情報を公開すれば、最も確実だからだ。ただ、そうまでしてでも壊したい鉄道文化財が存在するのであれば、その事実の方がはるかに悲しいことではあるのだが。

ハイリスクな屋根がそのまま命取りに
―北海道・炭砿と鉄道館のオハ62形

鉄道文化財は一見頑強そうに見えて、案外脆いという側面を持っていることは序章でも述べたとおりであるが、中でもとりわけハイリスクなのは、昭和の半ばまでに作られた客車と貨車の屋根である。なぜ屋根なのかと言えば、昭和の半ばまでは、その多くが木の骨組みにキャンバス布を張って作られており、他の鋼製部材に比べ、圧倒的に早く劣化が進むからだ。悪いことに、屋根は最も目が行き届きにくい場所であるため、雨漏りなどで気づいたときには、すでに骨組みまで腐朽して手遅れであることも多いのだ。

北海道釧路市の「炭砿と鉄道館」は、かつて道東で最大規模を誇った運炭鉄道である雄別鉄道の歴史を伝える目的で1987（昭和62）年に開設された。周辺には実にのどかな光景が広がっており、石炭を運ぶための貨物列車が1日に10往復以上も走っていたことが信じられないほどであ

展示線に取り残されたオハ62形の鋼製台車

る。

この資料館では、雄別鉄道に関する各種資料が展示され、屋外にも保存車両が展示されていた。1970（昭和45）年4月に歴史の幕を下ろすまで雄別鉄道で活躍したSLのC11形を筆頭に、鋼体化客車のオハ62 95、車掌車のヨ8057の3両であった。

厳冬期を考慮して、車両の上には上屋も架けられていたが、どういうわけか上屋の設置が中途半端で、前方のC11形と、後方のヨ8057はきちんと覆われていたものの、真ん中のオハ62だけは、どちらの上屋からも一部分しか覆われない形となっており、車体の中央部分が完全に露天の状態であった。このオハ62こそ、まさに木製でキャンバス布張りの、最もハイリスクな屋根を持つ車両だったのだ。他の2両はほぼすべての部分が鋼製の車両であった。

そのことを指摘する声はあったのだが、上屋の増築などが行われることはなく、案の定と言うべきか、そのオハ62の屋根が劣化してしまった。屋根部分に直接トタンを葺く応急処置も行われたが、一度劣化が進んでしまうと、木製の梁から取り替えないと強度を維持できないことが多く、最終的には廃棄物として片づけられてしまった。残った鋼製の台車だけが、赤い錆止め塗料を塗りたくられて片隅に取り残されていたが、それがどのような由緒ある台車なのかについては解説されておらず、このままではいずれ台車も廃棄されてしまうのではないかと心配だ。

オハ62の屋根の劣化が発見されたとき、すぐに解体してしまうのではなく、トタンを葺くなどの対策も取られた点で、管理者の努力は評価できる。しかし、せっかく車両を保存する以上、その車両の特性、特に弱点については事前に把握をしておいていただきたかったところである。

このオハ62形は、貴重な車両でありながら、他でも同様の受難が起きている。オハ62形は、まだ木造客車が多く残っていた戦後まもない時代、万一の事故が起きた際に乗客の命を少しでも守れるようにと、さまざまな制約の中で、木造客車のフレーム部分を再利用して切り継ぎ、その上に新しい鋼製車体を載せ、台車や内装品はできるだけ木造客車から流用して作られた、いわば日本の苦しい時代の生き証人のような客車だった。中でも北海道向けに製造されたオハ62形は、保存された数がもともと少なく、全国でも北海道に3両しか現存していなかった。しかし、車体が

全国でただ１両、計呂地交通公園（旧湧網線計呂地駅）に保存されているオハ62 91

鋼製でデザイン的にも新しい印象を与えたため、屋根がキャンバス布張りであることは見落とされがちで、旧国鉄士幌線上士幌駅に保存されてライダーハウスとして活用されていたオハ62 94も、やはり最後は修復不能となって解体されてしまった。残るは計呂地《けろち》交通公園（旧国鉄湧網線計呂地駅）に保存されているオハ62 91のただ1両だけである。

車両を恒久的に保存しようとするならば、何よりその保存車両の弱点を知り、雨や雪に一番弱い保存車両にこそ重点的にカバーを施すべきであった。そういう意味で、保存をスタートする時点での体制づくりが最も大切だと言える。最初にその点で見込み違いを起こしてしまうと、当初は華々しく保存された鉄道車両も、その末路はかなり悲惨なものとなる。歴史的に貴重な古い車両ほど、こうした弱点を抱えており、より一層の注意が必要だと言えるのだ。

鉄道文化財でも避けられない〝高齢化〟という課題
―山形県・酒田市の9632号機ほか

鉄道文化財の保存がスタートしてから時間が経過してくると、さまざまな部分で〝高齢化〟が問題となってくる。それは鉄道文化財そのものだけでなく、その保存に携わる人たちや組織についても同様である。そのことがネックとなって、保存の継続が断念されたケースも存在する。

山形県酒田市の日和山《ひよりやま》公園には、かつて羽越本線で貨物列車を牽引し、酒田駅や酒田港駅構内での入換にも従事したSL9600形の9632号機が保存されていた。1972（昭和47）年の引退後、旧国鉄から酒田市に無償貸与されて日和山公園で展示されたもので、1977（昭和52）年には国鉄OBの方々が「酒田SL愛好会」を結成し、そのボランティア活動によって毎年2回の錆止め塗装や清掃などの手入れが続けられてきた。この日和山公園は、県内唯一の重要港湾である酒田港のすぐそばにあり、1895（明治28）年に建造された木造の六角灯台も展示されているほか、庄内地方の鉄道貨物の拠点である酒田港駅にも隣接しており、そこで働いていた9632号機も展示されていたことで、酒田の歴史を身近に感じられる公園として市民に親しまれていた。

このような好立地ではあったが、一方で日本海からの潮風にさらされる場所でもあり、塩害による老朽化は年々進行していた。そこに、2005（平成17）年の夏に突如吹き荒れた〝SLのアスベスト問題〟が直撃。酒田市ではこれ以降、9632号機をブルーシートで覆ってしまった。その後のJRの手による調査で、アスベストに飛散性はないことが判明したが、市から今後についての相談を受けた「酒田SL愛好会」では、メンバーの高齢化により、将来にわたって同機を維持・管理できる見通しが立たないとの結論に達し、市でも、再整備に掛かる経費が数千万円に

酒田SL愛好会の手で40年近くにわたり維持・管理されていた日和山公園の9600形9632号機

愛好会メンバーの高齢化で手入れが困難となり、塩害による腐食や錆が進行していた

も達すると見込まれたことから、保存の継続を断念して撤去するとの方針を決定した。

国産ＳＬのトップを切った９６００形の中でも、若番機として知られていた９６３２号機だけに、その危機はすぐに知られるところとなり、解体中止の要望や、ＳＬがボランティアの尽力により救われた事例の紹介などが県外からも寄せられた。市でも再検討を行ったが、もともと９６３２号機の劣化が進行していたこともあり、解体するしかないとの最終決断が下された。

２００７（平成19）年７月26日、ついに業者の手によりバーナーで部材を焼き切る作業が始まり、９６３２号機は永遠の還らぬ旅路へと発った。そのことを報じた新聞記事では、元国鉄職員で１９７２（昭和47）年までＳＬを運転していた酒田ＳＬ愛好会の会長のコメントが紹介された。「人間も機関車も動かないと傷む。鋳止めを塗って抑えてきたが、去年はしなかったので、先日見たらボロボロだった。けが人が出ても大変。とても残念だが、仕方がない」と胸の内が明かされていた。大事に守ってきたＳＬが屑鉄になってしまうことへの断腸の想いが伝わってきた。

酒田市の９６３２号機の場合は、酒田ＳＬ愛好会の複数のメンバーによって守られていたが、それでも困難を乗り切ることはできなかった。鉄道文化財を守っているのが個人の篤志家の場合には、その困難はより一層シビアなものとなる。

新潟県の阿賀野市では、篤志家が私有地に蒲原《かんばら》鉄道の村松駅舎を移設して「安田民俗資料館」

を開設。県下初の電気鉄道として１９２３（大正12）年10月20日に開業した当時に走っていたモハ51も展示され、「電車のある駅舎資料館」として親しまれていた。規模と充実度から言えば、自治体が運営あるいは管理していてもおかしくない施設であったが、個人の手による運営が続き、館長の高齢化などによって休館となってからは、再開できない状態が続いている。現在では訪れる人もなく、敷地内には草が生い茂ってひっそりと静まり返り、建物や車両の劣化が進んでいるという。このままでは貴重な鉄道文化財が滅失してしまうおそれが強く、大変に心配されるケースである。

鉄道文化財は保存する対象物が大きく、維持に多額の経費を要するケースも多いため、篤志家一人の手で守られてきた場合には、ご本人の高齢化など状況が変化すると、たちまち滅失の危機に瀕する場合が少なくない。とりわけ篤志家が亡くなった場合などは、仮にご遺族がその価値を理解していたとしても、遺産の相続に際して土地を更地にしなければならないなどの事情が生じてしまうと、鉄道文化財は真っ先に処分の対象となってしまう。

こうした困難が生じたとき、どこに相談したらよいのか分からないということも問題を難しくしている。かつて東京・神田に「交通博物館」があったころには、「博物館で引き取ってもらえないだろうか」という相談が全国から寄せられていたと、故・岸由一郎学芸員は語っていた。持ち込まれた相談の中には、東京都電の電車を丸ごと1両などという巨大なものまであった。いくら博物館とはいっても、収蔵スペースには限りがあり、そうした相談の大半は断らざるを得なかったという。しかし、〝門前払い〟となってしまった鉄道文化財がそのまま消えてしまうのは惜しいと、学芸員の肩書とは別でボランティアを買って出て、前述の東京都電のケースでは、解体寸前のところを個人宅から救い出し、保存を結実させることに成功した。

博物館以外でも、鉄道事業者や保存団体で結成された「日本鉄道保存協会」が動いたことで、貴重な鉄道文化財が守られた例もある。北海道で12両にも及ぶＳＬなど総計15両もの車両を個人で抱えていた篤志家のケースでは、以前から相談を受けていた協会が直接引き受ける形で救済に乗り出し、今後の利活用のために委員会も設立され、関係自治体とも連携して保存、公開の方策を探っていこうとしている。

このように、〝高齢化〟という問題は、鉄道文化財の分野にも確実に押し寄せている。それは避けられないことではあるが、一方で、それはあらかじめ予測できることでもある。危機を迎えてから慌てても手遅れにしかならないが、傷まないように屋根を架けたり、ボランティアに携わる人々の長期的な若返りを図るために学校行事での見学や学習の機会を増やしたり、鉄道文化財を維持できなくなった場合に気軽に相談できる窓口を設置するなど、普段から地道な準備を行っていれば、そうした事態によるダメージはかなり食い止められるはずである。すべてのことでそうであるように、伝承という過程では、高齢化という問題は必ず立ちはだかる。いかにそうした問題を平穏に乗り切るか、鉄道文化財の分野でもこれからますます重要な課題となってくるのは間違いない。

鉄道文化財の価値は企業が決めるもの?
―静岡県・佐久間レールパークのＥＤ62形ほか

多くの人々が目を輝かせ、数々の貴重な保存車両を見学し、解説板に書かれた歴史的価値に感嘆し、大いに納得して帰っていく。ところが、運営者の事情により、ある日突然、それらの保存車両が廃棄されてしまう。そんな出来事がこれまで何度も全国で起きている。

静岡県佐久間町(現・浜松市)の「佐久間レールパーク」は、1991(平成3)年4月21日に旧国鉄の中部天竜機関区を活用して開設された鉄道保存施設で、十数両の保存車両が展示され、屋内には日本有数の規模のＮゲージのレイアウトも設営された。

このレールパークの素晴らしかったところは、鉄道会社が自社で活躍した車両をきちんと整備して、その歴史的価値を解説し、それを観光資源として、自社路線での旅客誘致にもつなげたと

佐久間レールパークの閉園により解体されたED62 14（手前）とクモハ12054（奥）

ころだった。休日にはトロッコ列車が運行され、ファミリー層がその列車に乗ってこのレールパークを目的地としてやってきた。地方ローカル線の活性化策の手本となるような事例であった。このレールパークの展示線は、そのままJR飯田線ともつながっており、展示車両が傷んだときは回送して修繕したり、新たな展示車両を送り込むことも可能であった。

色々な観点から高く評価されていた佐久間レールパークであったが、2011（平成23）年3月14日の「リニア・鉄道館」の開館を前に、2009（平成21）年11月1日に閉園となった。佐久間レールパークからは10両の車両がリニア・鉄道館に移設されたが、残念ながら6両の保存車両が解体されてしまった。それは、電気機関車ではED62 14、電車ではクモハ12054とクヤ165‐1、客車ではオハフ33 115（表記はオハフ34834）、貨車ではソ180とチキ6132であった。

佐久間レールパークでは露天での展示であったが、リニア・鉄道館では空調も完備された屋内での展示となり、保存車両にとっては理想的な環境である。10両もの保存車両がそのような素晴らしい新天地に移設されたのだから、大いに評価されるべきことである。私もそれは素晴らしいことだと思う。だからと言って、6両の保存車両が解体されたことはやはり残念でならない。

これを美術館での事例に置き換えてみると分かりやすい。たとえば、ある美術館の新館が都市部に建てられるという場合、それをきっかけとして、旧館で展示していた美術品の一部を廃棄するというようなことは通常あり得ないであろう。仮にすべての美術品を新館で展示できないとしても、少なくとも旧館での保管は継続されるはずである。

保存車両は美術品とは異なるので、この論理をそのまま当てはめることはできないが、保存車両も美術品も、どちらも〝価値あるもの〟として、一般の人たちの鑑賞物になるという点は同じである。では、両者で何が大きく違うかと言えば、誰が〝価値あるもの〟と決めるか、という点ではないだろうか。美術品の場合は、学識経験者らによって、国宝あるいは重要文化財といったように普遍的で明確な価値の評価がなされる。一方、保存車両の場合は、量産された工業製品であり、歴史も浅いため、普遍的で明確な価値の評価が必ずしもなされていないという側面がある。

　このため、車両を保存しようと決めた企業が、自らその価値を評価することも、自らその価値を否定して壊すことも、基本的には可能である。つまり、企業の都合で保存車両の価値は変わり得る、と解釈することもできる。極端なことを言えば、賑やかしに展示してみて、アピール力が低下して飽きられてきたら、廃棄処分にしてしまうことも現実には可能なのだ。鉄道文化財の分野においては、普遍的で明確な価値評価の導入が急務と言えるだろう。

　佐久間レールパークのケースに話を戻すと、他の受け入れ先を探したり、あるいは譲渡を希望する施設を募ったりするなど、6両の保存車両を解体しないで済む方策が何かあったのではないだろうか。

　ちなみに佐久間レールパークの跡地は、今も往時の姿をほぼそのまま留めているという。これからも鉄道が歴史を積み重ねていく限り、保存して永く後世に遺していくべき車両が増えていくことは必然であると言える。この跡地がいつか、たとえばリニア・鉄道館の別館のような形で活用される日が来ればいいなと願っている。

第3章　鉄道文化財の命運は、社会情勢がカギを握る

企業の業績悪化で道連れに⁉
――福井県・越前市のＥＦ70　１００３

前章では、保存から一転、廃棄物として消えた鉄道文化財の事例について紹介したが、その命運は、鉄道文化財そのものに罪はなくとも、企業の業績や、自治体の財政難、健康リスク、犯罪被害など、それを取り巻く広い意味での社会情勢にも大きく影響される。鉄道文化財の命運を左右するカギは、社会情勢が握っているとも言えるのだ。

せっかく危機から救われて安泰かと思われたのに、企業の深刻な業績悪化で、その道連れのように消えてしまった電気機関車も、社会情勢のあおりを食った存在と言える。

１９９７（平成９）年8月10日、一人の大学生が電気機関車を貰い受けた。その大学生とは、当時20代だった私である。大学は福井県にあり、県内に交流電気機関車のＥＦ70形を〝看板〟として展示していた焼肉店があったことから、自宅からは30キロ近く離れていたが、その機関車見たさに、ときどきこの店に通っていた。

福井県内の焼肉店の敷地へ搬入される
EF70 1003

あるとき、その焼肉店が閉店することを聞かされ、ＥＦ70形も撤去予定であることを知った。土地が借地のため、借用期限が切れる1年半後には更地に戻さなければならないためということだった。

ＥＦ70形が危機に直面していることを知った私は、「残念ですね」と引き下がるだけでは収まらなかった。オーナーに直談判して、ＥＦ70形を貰い受けて永久保存先を探したいと申し出たのだった。オーナーからは快諾の返事が得られたが、土地の借用期限が切れるまでに移転先を見つけられなければ、解体費用を私が全額負担するというのが条件だった。

資金も土地も持たない一介の大学生でありながら、電気機関車1両を丸々貰い受けたのであるから、今から振り返れば若気の至りと恥ずかしくもなるが、ともかくＥＦ70形を救いたいとの一心で立ち上がったことに、周囲の反応は温かかった。鉄道愛好家の仲間たちは、傷んだ外観をまずきれいにすることが先決だと、グループを結成して一緒に再塗装の作業に取り組んでくれた。

鉄道愛好家のグループによるEF70形の再塗装作業

美しく塗り替えられたEF70形。このあと貰い手が決まったのだが……

地元マスコミの対応も好意的だった。同年11月20日には、日刊県民福井紙に「北陸初のブルトレ専用機　電気機関車ＳＯＳ」「愛好家修復　永久保存先探す」と写真付きの大きな記事が掲載された。この記事を皮切りに、翌週には福井新聞と読売新聞でも取り上げられ、その後もテレビやラジオの取材が相次いだ。その間も私は北陸本線沿線の全首長宛に「機関車の寄贈を受け入れて欲しい」と手紙を書き続けた。

私の力というよりも、むしろ周りで動き始めた大きなムーブメントに救われる形で、ＥＦ70　1003にはめでたく貰い手が現われた。県内の眼鏡会社が、越前市内の山の上に造った温泉施設で保存してくれるというのだ。その眼鏡会社の社長はとてもハートの温かい人で、「機関車を大切にして、来場者に末永く親しんでもらえるようにしたい」と熱い握手で引き受けてくださった。その言葉どおり、山の上に運び上げられたのち、ＥＦ70形の上には大きな屋根が架けられた。

大学を卒業してからは、私は県外に出てしまったこともあり、ＥＦ70形のもとを訪れる機会がないままになっていたが、むしろ安心して見守っているつもりだった。

その眼鏡会社の倒産情報が流れたのは、２０１０（平成22）年の年末のことだった。メガネフレームの生産で最大手クラスに位置づけられ、チタンや超弾性樹脂による高品質なフレーム製造を主力に事業を展開していたが、安価な海外製品との競合で業績が悪化、負債総額およそ24億円を抱えて倒産してしまったのだ。

眼鏡会社の業績悪化で、EF70形が保存されていた温泉施設は閉鎖され、EF70形は2007（平成19）年ごろに解体されてしまったという。あのときの社長の握手は間違いなく温かかったが、企業を取り巻く情勢はとても冷たかった。最終的には倒産に至るほどの業績悪化という大きな渦に巻かれ、今度ばかりは誰もEF70形を救いだすことはできなかった。

自治体の財政難が直撃
―解体が相次ぐ各地のSLほか

少し前までは、自治体によって鉄道文化財が所有または管理されている場合、一定程度の継続性と安定性が担保されていたが、人口減少による歳入減などで緊縮財政を余儀なくされる自治体も増え、そうとばかりも言っていられない時代になってきた。前章でも危機に直面したSLについて紹介したが、福岡県志免町の9600形も、山形県酒田市の9600形も、自治体が管理しているケースであった。

1999（平成11）年から2010（平成22）年にかけて進められた〝平成の大合併〟と称される市町村合併をきっかけとして、財政の悪化が進んだ自治体も多い。合併することで、職員数の削減や、公共施設の重複を解消することで財政基盤を強化できるとして、それまで3200あった自治体が1700まで減少したが、新たに誕生した自治体の半数以上が深刻な財政難に苦しんでいるという。合併によって発行が認められた合併特例債では、国が7割を負担するという破格の扱いとなっていたことから、インフラ整備などを目的として全国で500を超える自治体が発行を行ったが、特例債の残る3割の負担が地方に重くのし掛かっているのだという。合併から10年は地方交付税を減額しないという特例措置も認められていたが、その特例期間も過ぎて減額に転じた。人口が予測を超えて減少した自治体などでは、財政難はさらに深刻で、職員数の削減や給与の減額、住民サービスの廃止や縮小などの影響が出ているところも多いという。

表 解体されたSLの車両数

期　間	両　数
～1989年	6
1990～1994年	2
1995～1999年	10
2000～2004年	6
2005～2009年	14
2010～2014年	5

※筆者作成

そのような状況下では、当然ながら鉄道文化財の維持に充てられる予算も絞られることになる。5年ごとの統計を見ても、2005（平成17）年からの5年間に解体されたSLの数は、過去最多の14両に上っている（表参照）。SLは車体が大きく構造も複雑であるため、塗装などに多額の経費が掛かることも影響しているのであろう。ただし、危機に直面しているのがSLばかりかというと、残念ながらそうではない。

兵庫県加古川市のなかじま公園に保存されていた別府鉄道のキハ101（2008年に解体）はディーゼルカーであったし、岡山県佐伯《さえき》町の町役場（現・和気《わけ》町佐伯庁舎）に保存されていた同和鉱業片上鉄道のホハフ3001（2005年に解体）は客車であった。序章で紹介した、岩手県紫波町の城山公園で解体されたヨ5000形は貨車であった。SLの場合はニュースとして大きく扱われるケースが多いから目立つだけで、実際には車種を問わず厳しい状況を迎えているのだ。

ただ、この厳しい状況に明かりも差し始めている。このあとの章で紹介するが、市民のボランティア活動によって危機から救われるケースが増えてきており、大きな鉄道文化財を救うのに、市民の力がこれまで以上に重要な役割を担いつつあるのだ。

アスベスト問題からSLを救った〝魔法の言葉〟
―京都府舞鶴市・中舞鶴公園のC58 113ほか

これまで述べてきたように、鉄道文化財を取り巻く社会情勢は、自治体の財政難、保存に携わる方々の高齢化など、さまざまな困難に満ち溢れている。そんな状況下であるのに、まさに弱り目に祟り目、鉄道文化財を根底から揺さぶるような衝撃のニュースが流れた。

それは2005（平成17）年8月29日に共同通信が配信した、『国鉄貸与SLに石綿含有か　公園などに500両展示』というタイトルのニュースであった。翌朝には複数の全国紙も報じたため、このニュースはすぐに激震となって全国の関係者の間を駆け巡った。ここではその全文を振り返っておきたい。

『JR7社は29日、国鉄時代に全国の自治体に貸与され、現在公園などに展示されている蒸気機関車（SL）計約500両にアスベスト（石綿）が使用されているとして実態調査を開始した。火室（ボイラー）や気筒（シリンダー）、蒸気管の断熱材として使われた可能性があるが、固形で機器に覆われており、飛散の心配はないという。車両数は一部電気機関車や客車も含め、JR北海道が105、東日本約160、東海40、西日本約90、四国12、九州81、貨物14。管理する自治体総数は判明しているだけで、全国で280を超える。SLは1970年代以降に教育史料として無償貸与され、保守管理は自治体が負担する契約だが、JR各社がアスベストの成分分析や保存状態を点検するという』

アスベストによる健康被害は、それまでにも繰り返し報じられていたため、〝アスベスト〟というキーワードがたちまち焦燥感に直結し、今回の報道に対する関係者の反応は、極めてヒステリックなものとなってしまった。日本中で、SLのまわりにロープが張り巡らされ、立入禁止のバリケードが築かれ、前述の山形県酒田市の9632号機のように、ブルーシートで覆い隠されたりするものまで出現した。決して大げさではなく、本当にこのようなことが日本中で起きたのだ。

このときに鉄道文化財が直面していた危機は、これまで経験したことのない、極めて深刻なものだった。報道にもあるとおり、JR東日本管内だけで約140の自治体に約160両、JR各社の合計では全国で500両を超える車両が公園や小学校、駅前などに展示されている。もしその対応を誤れば、500両を超える車両が一斉に滅失の危機にさらされることになる。JR側には、極めて難しい舵取りが求められた。

このときに取られたJRの対応は、これ以上ない素晴らしいものであった。今回の対応に際しては、あの旧国鉄時代に練り上げられた玉虫色のアイデアが、大きなトラップとなる危険性を秘めていた。その玉虫色のアイデアとは、旧国鉄と自治体との間で締結された、無償貸与の契約のことである。その契約では、「展示車両の管理責任は借り主側の自治体が負う」旨が明記されており、今回の対応でも、その内容を強調することも可能ではあった。

しかし、JR7社が行った記者会見では、あえてその内容は強調せず、「JRには整備技術があり、無料で点検する。腐食などが見つかった場合の対策は、自治体と協議する」として、積極的かつ迅速に対応を行うことを重点的にアピールした。この対応は本当に正しかった。自治体の関係者がパニックを起こす前に、ＪＲ側が先手を打って「無料で点検」というキーワードを打ち出したことで、結果的に５００両を超える鉄道文化財を滅失の危機から救うことになった。まさに〝魔法の言葉〟であった。

もし万一、「管理責任は借り主側の自治体」の部分を強調するような対応を取っていたとしたら、たちまち全国からＪＲ側にＳＬの返却希望が殺到し、ＪＲ側では天文学的な金額でそれらを処理しなければならない事態に陥るおそれさえあった。

その後、調査結果が公表された。アスベストの使用は認められるものの、露出しているものについては固着処理を施すなど、通常の状態で管理していれば、アスベストが飛散するおそれはないとの結論であった。このことで、一連の騒ぎは急速に終息した。

あれから10年、今では誰もそんな騒ぎのことを覚えていないかのように、公園にあるＳＬの運転台では、子供たちが笑顔を振りまき、親も笑顔で記念写真を撮っている。もとどおりの平和な光景が取り戻された。

あのときの記者会見で、ＪＲ側は自治体側に責任を押しつけず、無料で点検というキーワードで関係者を一気に安堵させ、そして調査結果で鉄道文化財の安全性まで担保した。極めて見事な対応であった。

アスベスト問題の影響で一時は撤去が検討されたC58 113
（京都府舞鶴市・中舞鶴公園）

ただ一方で、世の中がヒステリーで染まってしまったあおりで、残念ながら壊されてしまったSLも存在する。

兵庫県相生市の中央公園では、はるばる中国から運ばれてきた中国国鉄QJ6200（前進型）と中国国鉄RM1163（人民型）が、この騒動をきっかけに解体されてしまった。

京都府舞鶴市の中舞鶴公園に展示されているC58 113も、直ちにロープが張り巡らされ、さらには厳重な柵も追加されて立入禁止となり、SLを撤去するかどうかの検討が行われた。幸いにもこちらは解体をまぬがれ、立入禁止も解除されたが同様の危機に直面したSLは全国に多数存在した。

一連のアスベスト問題は、鉄道文化財が社会情勢から受ける影響の大きさというものを改めて実感させられる機会となった。

オリンピック開催が車両解体を加速!?
―とある鉄道の、とある車両

7年前、短期間のうちに屑鉄価格が歴史的な暴騰を記録した。2008（平成20）年8月の北京オリンピックに向け、中国の各都市で建設ラッシュが起こって需要が増大し、そこに投機目的の資金も流入して鉄鋼価格が急上昇、屑鉄価格も跳ね上がったのだ。

2008（平成20）年2月には1トン当たりで4万円を超え、同年7月には7万円近くまで高騰した。2001（平成13）年7月には6400円程度であったから、その10倍以上に値上がりしたことになる。

このため、国内各地で金属盗難の被害が相次いだ。盗難被害は公園の滑り台から火の見櫓の半鐘、公衆便所の屋根、果ては墓地の線香皿にまで及んだ。半鐘は栃木県と茨城県だけで40個、神奈川県の霊園では墓地の線香皿が200個も盗まれた。中にはレンタカーのトラックで乗りつけ、クレーンで窃盗に及ぶ悪質なケースまで出現した。

このような屑鉄相場の暴騰は、やはりと言うべきか、鉄の塊のような存在である鉄道文化財にも影響を与えていた。ある鉄道会社の幹部は、社名を明かさないことを条件に、「それまでずっと保管していた車両だったが、屑鉄価格が急上昇したことをきっかけに、解体して売却した」ことをこっそりと打ち明けてくれた。もし屑鉄価格の高騰が長く続いていたなら、解体費用が惜しくて延命されていた他の保存車両にまで解体が及んでいたかもしれず、そうなった場合の影響は、これよりもはるかに深刻だったに違いない。

幸いにも、その高騰は長くは続かなかった。北京オリンピックが無事に閉幕すると、今度は一気に暴落し、7月には1トン当たり7万円近くにまで達していた相場は、11月には1トン当たり1万円ほどと、わずか数カ月で7分の1にまで下落してしまった。

まさか海外で開催されるオリンピックの影響で、日本の鉄道文化財に受難があるなどとは予想もしなかった。しかし、2020（平成32）年のオリンピック開催都市は、まさに東京である。そのとき、今回と同じようなこと、あるいはそれ以上のことが起こらないとも限らない。気が早いかもしれないが、今のうちから鉄道文化財の保護に対する兜の緒を締め直しておいた方がいいのかもしれない。

記念事業が解体の引き金に!?
―佐賀県・唐津港開港百周年記念碑横の69608号機

頑丈に見える鉄道文化財も、実は脆弱性をあわせ持つことを繰り返し述べてきたが、とりわけ塩害に関しては想像以上の脆さを露呈してしまう。

佐賀県唐津市では、唐津港の100周年を記念して唐津港開港百周年記念碑の周辺が整備され、ここに市内の東唐津児童遊園地で保存されていた9600形の69608号機が移設された。1973（昭和48）年8月28日に運転された唐津線の蒸気機関車さよなら列車の牽引機でもあり、市にとってゆかりの深いSLであった。解説板にも「本市の昔を偲び、なつかしい9600型蒸気機関車の勇姿を永久に残すため保存することにしました」と記載されるなど、このSLを記念事業のシンボルとして活用したいという意向が働いた経緯は理解できる。

ただ、東唐津児童遊園地に展示されていたころには屋根も架けられていたのに、それでも腐食の進行は食い止められておらず、かなり老朽化が進んでいた。このことからも、長期的な保存場所の選定については、より慎重さが求められるところであった。しかし、この記念事業で移設先として選ばれたのは、潮風の直撃を受ける岸壁近くの場所だったのだ。鉄の部材は塩害に対しては非常に弱い。漁港などでは頑丈な鋼鉄の部材でさえ茶色の錆でボロボロになるほどであるから、ケーシングなどに薄い鉄板を多用しているSLにとっては、潮風にさらされる場所での保存というのはまさに最悪と言えた。

残念ながら長期的な配慮が十分になされなかったことは、以前の児童遊園地のときにはあった屋根が移設後には設置されなかったことからも窺えた。69608号機はたちまち劣化していき、除煙板は脱落して床に穴があき、ケーシングも腐食してシリンダーが露出するほどにまで状態は悪化した。もはや手の施しようがないところまで荒廃が進んだことで、2007（平成19）年2月に解体されてしまった。移設から15年目のことであった。一緒に保存されていた貴重な石炭車のセム20000も同時に消えてしまった。

記念事業で岸壁に移設したことが、69608号機の寿命を著しく縮めたことは間違いない。解説板で「永久に残すため保存することにしました」と説明していたのに、保存場所として長期的にそこが適切かどうかの十分な検討がなされなかったことは残念であるし、何より、歴史を祝うはずの記念事業がきっかけで、歴史的遺産を結果的に滅失させてしまったのであるから、こればかりは皮肉としか言いようがない。

重さ80キロの貫通扉が盗まれた!!
―群馬県・碓氷峠鉄道文化むらのＥＦ63形

鉄道文化財では過去に例を見ない悪質な窃盗事件に、日本中の関係者が唖然とした。

１９９９（平成11）年5月、群馬県安中市の旧信越本線・丸山変電所付近で展示中だった電気機関車ＥＦ63形11号機の前面貫通扉が、何者かによって蝶番部分をバーナーで焼き切られ、80キロもの重さがある扉が丸ごと1枚盗まれてしまったのだ。このＥＦ63形に連結されていた１８９系特急電車も被害に遭い、何者かが運転席に不法侵入して、運転台の装置や計器類を根こそぎ盗んでいった。いずれも特殊な工具をあらかじめ用意して大掛かりな窃盗行為を働いていたことから、複数犯による計画的犯行が疑われ、管理する財団からは警察に対して被害届が提出された。

犯人は同年8月に逮捕され、共犯者も逮捕。二人の自宅からは約４００点にも上る多量の盗品が発見された。盗まれた部品類は、捜査終了後に「碓氷峠鉄道文化むら」へ無事に返還され、犯人側には貫通扉などの修復費が請求された。旧丸山変電所付近で展示されていたＥＦ63形と１８９特急系電車9両編成は、盗難防止の意味も含め、同年9月14日に2キロ離れた信越本線横川駅に移設された。犯人が逮捕されたことによる窃盗への抑止効果も期待され、捜査に尽力した当時

前面貫通扉の窃盗という前代未聞の被害を受け、修復されたEF63形11号機

の松井田警察署には松井田町から感謝状が贈られた。

これで一件落着かと思われたが、この事件によるダメージは、それだけには留まらなかった。鉄道を好きなはずの人間が、鉄道文化財を損傷させたこの事件は、マスコミにも大きな衝撃をもって受け止められ、繰り返し報道がなされた結果、鉄道文化財そのものに対するイメージダウンを引き起こすことになってしまったのだ。

被害に遭った189系特急電車も、もともとは往年の勇姿を多くの人に見てもらおうという積極的な姿勢で、旧丸山変電所付近に展示されたものだったが、それにもかかわらず、このような被害に遭ってしまったことで、その後の姿勢が消極的なものに転換してしまうことは避けられなかった。

横川駅に移設されてから、ひっそりと置かれたままになっていた189系特急電車は、次第に劣化が目立つようになり、事件から7年後の２００６（平成18）年、９両のうち7両（クハ１８９－５０５、モハ１８８－22、モハ１８９－22、サロ１８９－１０４、モハ１８８－2、モハ１８９－2、モハ１８９－５）が解体されてしまった。これも窃盗事件の余波と言っても過言ではないだろう。

一度起きてしまったイメージダウンをもとの状態にまで回復させるには、大きなエネルギーと長い期間を要する。そうしたイメージダウンを引き起こさないためにも、公共の財産である鉄道文化財に対して、マナーを守って接することが求められるのは当然のことであるが、一方で犯罪を予防する適切な管理もこれまで以上に求められていくことになる。それは、たとえば防犯カメラの設置であったり、侵入を検知する警報装置の導入であったりするわけだが、そうしたことが今後ますます必須のものとなっていくのは、残念ではあるが仕方のないことであろう。

再開発事業はピンチにしかならなかった……
――福島県・宮下駅保管のホキ３５０８ほか

せっかく集客施設が建設されるというのに、そのあおりで長年にわたって保存されていた貴重な車両が壊されてしまうという悲しい結末になったのは、福島県いわき市にあった福島臨海鉄道の宮下駅に保管されていたホキ３５００形３５０８である。

このホキ３５００形は、我が国初のセメント専用の有蓋ホッパ車として１９５２（昭和27）年に誕生した貨車で、１９５３（昭和28）年には新たに制定された「ホキ」という形式のトップナンバーとして、ホキ1形と命名された。１９６３（昭和38）年には別のバラスト用ホッパ車にホキ1形の呼称を譲って「ホキ３５００形」と改称されたが、貨車の発達史の中での位置づけは揺るぎのないものであった。

そのホキ３５００形は延べ２７９両の大所帯にまで成長し、１９９６（平成8）年に形式消滅となるまで活躍を続けた。ほとんどの貨車が用途廃止後に解体処分となる中で、ホキ３５０８は初代ホッパ車の一員としての価値が認められ、解体されることなく約20年にわたって宮下駅に保管されていた。同様の理由で、宮下駅にはホッパ車のホキ２５００形２５３２、タンク車のタ２０００形２０００１も一緒に保管されていた。

約20年もの長きにわたって動きのなかった保管貨車たちであったが、その動静に大きな変化が訪れたのは、隣の小名浜《おなはま》駅で計画されていた再開発事業がいよいよ本格的に始動したときだった。

小名浜駅は、福島県最大の小名浜港に近接した市街地の中に所在しており、周辺には「アクアマリンふくしま」などの観光施設も集積していることから、小名浜駅を宮下駅寄りに移設して、その跡地に防災機能をあわせ持つショッピングモールを建設することになったのだ。

近隣の再開発事業の影響で解体されてしまったホッパ車のホキ3500形3508

この小名浜駅が移設されることに伴って、宮下駅は廃止されることになり、宮下駅の跡地には２本の線路を残し、あとの線路は取り払われることになった。

宮下駅に保管されていた貨車たちは、足下のレールがなくなるために居場所を失うことになり、タ２００１だけは三重県いなべ市の「貨物鉄道博物館」に移設されたものの、残るホキ３５０８とホキ２５３２は解体されてしまった。ホキ３５０８については、関係者がギリギリまで移設先を探したが、残念ながら時間切れで間に合わなかった。

せっかく大規模な集客施設が建設されるのであるから、計画段階のうちから、もっとホキ３５０８の存在と価値を売り込んでおけば、あるいはその施設の一角に展示スペースぐらいは確保してもらえたかもしれなかった。そうすれば、将来にわたって多くの人に見てもらえて、施設にとっても目玉の一つとなるような理想的な形に導くこともできたかもしれない。

およそ20年もの長い保管期間がありながら、その間にきちんとホキ３５０８の将来像を描けていなかったのであるから、工事が始まってから急に慌てても、手遅れの感は否めなかった。ホキ３５０８のピンチが伝えられ、関係者が保存先を探し始めたとき、私も心当たりに連絡して受け入れ先を探す一方、個人で引き取ることも少しは考えたが、とても保管場所と移設費用を用意できそうもなかった。ホキ３５０８の解体が始まったと聞かされたときには深いため息が出た。

このような取り巻く情勢の変化は、ときにはチャンスとなり、ときにはピンチともなる。ただ、それをチャンスとするには、常に先を見て、先手を打つことが必須である。そのことは、これまで何度も見てきて肝に銘じていたはずなのに、いざ実際のこととなると、このように間に合わないことが多いのは、何とも悔しい限りである。

第2部 鉄道文化財を掘り起こす！

第1章　すべては時間との勝負

第1部では、鉄道文化財が直面している〝厳しい現実〟をつぶさに見てきた。第2部では、そうした厳しい現実の中からも、さまざまな取り組みや、ときにはミラクルによって、鉄道文化財が掘り起こされて守られてきたケースを紹介していきたい。第1章では、そうした掘り起こしの作業が、まさに時間との勝負であることを示した事例を紹介する。すでに私の別の著書で紹介している車両の話も含まれているが、重要な事例については、ここで改めて振り返っておきたいと思う。

救済は解体当日の朝！
―静岡県・遠州鉄道のト404

最初は、すでに解体の段取りはすべて整えられ、あとは作業着手を待つのみという絶望的な状況にあった車両を、最後の最後で救済することができた、遠州鉄道の木造無蓋車ト404の事例である。

静岡県浜松市内に17・8キロの路線を持つ遠州鉄道では、大正時代に製造された古い木造貨車であるト404、ト405、ワフ601、ワフ602の4両を、貨物営業の終了後も、線路のバラストを運搬する保線用車両として使用し続けていた。

車両が営業用として使用されている間は、各種統計にもきちんとリストアップされ、検査や塗装も定期的な周期で行われるため、その存在は広く認知されていることが多い。それが歴史的に価値の高い車両であれば、その情報も把握されやすい。しかし、ひとたび第一線から退くと、そうした各種統計からも外れ、塗り直しなども行われなくなってしまう。とりわけ貨車の場合、もともとその姿が地味な上、線路や架線のメンテナンスなどに使用される保線用車両に転用されている場合には、土砂などでひどく汚れていることもある。こうなると、それが歴史的価値の高い車両であっても、あっさりと処分されてしまうことも多い。ピンチとの情報をキャッチして現地に駆け付けても、すでに廃棄されたあとという悲しい現実に直面することになる。

遠州鉄道の木造貨車群も、ほぼそれと同じ状況であった。交通博物館の故・岸由一郎学芸員からピンチとの情報を伝えられ、現地を訪れたときには、すでに4両の木造貨車は解体場所となる西ヶ崎駅の一番外側の線路に並べられていた。JRから鋼製で大型のバラスト運搬車・ホキ800形を譲り受けることになり、大正時代の木造貨車たちもいよいよお役御免となったのだった。もう老い先長くはないであろう貨車たちの、せめて記録だけでも残そうとシャッターを切った。

この西ヶ崎駅の構内には鉄道営業所があり、事前のアポも取っていなかったが立ち寄ってみた。対応してくださった方の話では、所有権はすでに遠州鉄道から解体業者の手に移ったあとだった。解体業者の連絡先を教えていただくことができたので、とりあえずその連絡先に電話を掛けてみることにした。この時点では、部外者からの問い合わせなど迷惑がられるだけで、まともには取り合ってもらえないだろうと思っていた。

ところが、まったく予想に反して、「欲しいなら貨車を譲ってもいい」という答えが返ってきた。ただし、それには解体当日、それも作業開始前の朝のうちに引き取ることが条件だった。この電話を掛けるまでは、カメラを手に写真を撮りに来た一人の傍観者であったが、この電話を境に、いきなり貴重な貨車の命運を握る当事者となってしまった。

すでに年の瀬も押し迫った時期であり、〝そんな短時間で保存場所を見つけられるはずもないし、運送業者も見つけられるはずはない〟と半ば諦めていた。しかし、それでも心当たりのある人や施設などを急いで当たり始めていた。自らが命運を握っているという自覚は、普段以上のパワーを生むものらしい。

ボランティア活動でお世話になっていた京都府与謝野町の「加悦《かや》SL広場」からは、〝受け入れてもよい〟との答えが返ってきて、静岡県内の鉄道関連の運輸会社からも、〝引き受けてもよい〟

遠州鉄道で役目を終え、解体を待つばかりとなっていたト405

修復作業を経て「加悦SL広場」に受け入れられたト404

との回答が返ってきた。

たまたまではあったが、このト404の外観が、旧加悦鉄道の創業時に製造されたト1形とほぼ同型だったことは幸いだった。加悦SL広場に集められていたのは、主に加悦鉄道で活躍した車両であったが、加悦鉄道のト1形は現存するものがなく、このト404がその再現に役立つということが、加悦SL広場に推薦する際の大きな理由となったからである。

こうして、何の見通しもなかったところから始まった救済劇は、急展開で実現に向かって動き出した。4両のうち、一番状態の良かったト404を保存対象として選び、解体作業当日の朝、無事に遠州鉄道からト404を受け取ることができたのだった。

いくつもの厚意と幸運が重なったことで、ト404を救済することができた。同時に、〝諦めなければ奇跡は起きる〟、そして〝電話一本の小さなアクションが木造貨車1両という大きな文化財を守ることもある〟ということを強く実感させてくれた貴重な経験となった。

すでに解体場に送り込まれていた車掌車の運命は!?
―福岡県・車掌車の日本最高速に挑んだヨ9000形

ト404の場合、すでに所有権が解体業者の手に移っていたことで、譲渡に関する意思決定は電話一本で即決というスピード展開となったが、まだ所有権が鉄道会社にあり、しかも相手が大企業となると、事情はまったく違ってくる。すでに解体が決定され、解体業者の手配も済んで解体場所まで送り込まれている場合、その決定が覆って保存が実現するようなことは例外的だ。大きな鉄道会社になればなるほど、解体決定までにはいくつものプロセスを経ており、それを覆すことは現場の判断だけでは困難だからである。

それでも、数少ない例外的な事例として、解体現場から救い出され、現在も大切に保存されている貨車がある。車掌車として日本最高速の時速１００キロを目指して開発された、ヨ９０００形９０００１である。

貨物列車は長らく最高速度が時速65キロであったが、高速道路の整備が進むにつれ、次第にトラックにシェアを奪われるようになり、貨物列車も一層のスピードアップが要求された。そこで１９６０年代後半から時速１００キロでの走行が可能な高速貨車が次々と開発され、最後尾に車掌が乗務するためのスペースを備えた高速貨車も製作された。従来の車掌車では最高でも時速75キロまでしか対応できなかったからである。そこで、時速１００キロにも対応できる車掌車を誕生させようと１９６８（昭和43）年に試作されたのが、このヨ９０００形の２両であった。

新幹線の台車と構造が類似した「一枚板バネ式軸箱支持装置」が採用され、塗装も従来の黒か

「源じいの森」に搬入後、ボランティアの手で修復が進められるヨ9000形9001

高速貨車を示す青色も再現された修復後のヨ9000形9001

ヨ9000形とともに解体をまぬがれ、鉄道博物館に収蔵されたレムフ10000形

ら、高速貨車を意味する青色に塗り替えられるなど、随所にヨ９０００形が背負っていた期待の大きさが現れていた。

試験の進捗とともに台車にも改良が加えられ、最終的には時速１１０キロまでの走行性能が確認されたが、量産されることはなく、最晩年は時速65キロ以下の制限を受けて北九州地区で石炭列車に連結されて生涯を閉じた。

引退後もしばらくは福岡市の香椎《かしい》にあった操車場の片隅で保管が続けられていたが、車体の錆も目立つようになり、ついには前述のとおり、解体へのカウントダウンが始まってしまった。

旧国鉄時代に計画されながら、未開業に終わった油須原《ゆすばる》線でのボランティア活動が縁で交流のあった福岡県赤村の当時の課長に相談したところ、村内の温泉施設「源《げん》じいの森」で受け入れてもよいとの回答をいただけた。

相手はJR貨物という大きな鉄道会社であったが、担当者が熱心な方であったことが幸いして、すぐに社内でのプロセスを動かしてくださり、解体は寸前のところでストップした。このとき、同じ場所で解体へのカウントダウンに入っていた貨車の中に、高速冷蔵貨車のレムフ10000形も含まれていたが、同時にストップが掛かり、レムフ10000形はのちに埼玉県さいたま市の「鉄道博物館」に収蔵されることとなった。

日本最高速の車掌車の実現にチャレンジしたヨ9001は、譲渡の申し入れがあと少し遅ければスクラップと化していた。担当者の迅速な対応のおかげで、貴重な鉄道文化財がまた一つ後世へと引き継がれた。

所有者の想いと部品類は引き継がれた
――新潟県・蒲原鉄道クハ10とモハ71

前述のヨ9001のように、車両がまだ鉄道会社の線路上にあるうちは、それが普段とは違う線路に置かれていたり、いつも解体が行われる線路に移動させられていたりすることで、その予兆に気づくことができるし、事前に情報が出回ることも多い。

しかし、すでに民間に移譲されたあとでは、そうした予兆に気づくことは難しくなる。それまで目にすることのなかった重機や酸素ボンベなどが置かれていれば予兆にはなるが、それは本当に最終段階であり、気づいたその日から、解体工事が始まってしまうことだってある。

１９９９（平成11）年10月４日に全線が廃止となった新潟県の蒲原鉄道では、５両の電車と１両の電気機関車が同日付で全車廃車となったが、そのうちの電車２両が個人に引き取られて、村松町（現・五泉市）の線路沿いの民有地に移設された。

引き取られたのはクハ10とモハ71の２両。クハ10は、旧国鉄のディーゼルカー・キハ４１００形４１１２０を１９５０（昭和25）年に蒲原鉄道が譲り受けて電車に改造した制御車であり、モハ71は、１９６５（昭和40）年に同社が西武鉄道から譲り受けた制御電動車であった。クハ10とモハ71はペアを組んでラッシュ時を中心に運用されることが多かったが、保存後も引き続きペアを組み続けることになった。２両の上には、旧村松駅のプラットホームから移設された木造の上屋も設置され、雨や雪から電車たちを守っていた。

近くには「蒲原鉄道電車線の廃止を惜んで」と題した所有者からのメッセージも掲出されていた。

「大正11年、地域の足として発足し地元に貢献してきた蒲原鉄道も時代の流れに抗し切れず、昭和60年に加茂線が廃止されました。その時も非常に淋しい気持ちでしたが、今回残った村松・五泉間が廃止されることになり、残念と淋しいという気持ちが入り乱れました。

永年の間、地元住民の足として活躍してきた蒲鉄の電車が忘れ去られることを危惧して、何かの形で残すことが出来ないかと思い蒲鉄さんに相談したところ、格別のご厚意で電車2両を快く頂戴出来ることになりました。

設置、維持費等で相当の費用がかかると思いますが、老い先短い私の思いを托して恩給等の私費を投じて、村松・五泉間の県道旧線路脇に用地がありましたのでここに設置いたしました。

お通り掛かりの際に目に入りましたら、往時の蒲鉄さんの功績とご苦労を思い出しながらご覧いただければ幸と思っております」

車両の横には、来訪者が間近で見学できるようにと板敷の通路が設けられ、敷地の外周には、少しでも鉄道の面影を残そうと、踏切に設置されていたリレーボックスが一列に並べられた。敷地の入口には踏切も立てられ、随所に所有者の想いが溢れていた。

残念なことに、所有者は2012（平成24）年11月に亡くなられ、遺族が引き取り先を探されたものの見つからず、やむを得ず解体の決断をされた。

多くの人々がその決断を知ることになったのは、実際の解体作業が始まってからであった。2

現役当時の姿そのままにペアで保存されていたクハ10とモハ71。旧村松駅から移設された木造のホーム上屋も設置されていた

両は交通量の多い県道沿いの日立つ場所に置かれていたため、解体着手の情報はすぐにネット上を駆け巡り、私も沿線に住む友人に急いで連絡を取ったところ、残念ながらその情報が間違いないものであることを知らされた。

このとき頭をよぎったのは、クハ10の台車を必要としている保存会のことだった。クハ10が旧国鉄のキハ41000形を前身としていたことは前述したとおりだが、岡山県美咲町の片上鉄道保存会では、このキハ41000形を改造したキハ303を動態保存しており、その予備部品として台車を探していることを聞いていたからだ。すぐに保存会の代表に電話を入れたところ、奇跡的にも保存会のメンバーが隣県を訪れていて、すぐに現地に向かわせるとのことだった。

地元の保存会も協力して、少しでも部品類を引き継ぐための交渉が行われ、最終的に台車2個、ブレーキロッド3本、ブレーキシリンダ1個、リレーバルブ1個、そしてレールと枕木のすべてが片上鉄道保存会に引き継がれることになった。地元でもゆかりの部品を残そうと、電車のドアなどが引き継がれた。

すでに解体工事が着手されていたため、電車を丸ごと残すことは不可能だったが、蒲原鉄道の功績を何かの形で残したいとの所有者の想いは、動態保存のキハ303がこれからも走り続けるために必要な予備部品などとして、大切に引き継がれた。

第2章　掘り起こせ、鉄道文化財！

粋な計らい、腐った木造貨車たちがよみがえった！
―新潟県・蒲原鉄道の木造貨車群

前章では、厳しい現実の中で鉄道文化財を掘り起こし、救済できるか否かは時間との勝負であることを紹介した。第2章では、すっかり朽ち果て、ただのスクラップにしか見えない状態の中から、鉄道文化財はいかにして掘り起こされ、輝きを取り戻したのかについて、その舞台裏を紹介したい。

劇的な変貌を遂げた車両はいくつも存在するが、中でもひときわ印象的だったのが、前章で取り上げた新潟県・蒲原鉄道の、構内の片隅に押し込められてボロボロになっていた木造貨車たちであった。

蒲原鉄道では、1930（昭和5）年の全線開業にあわせて5両の貨車を発注していたが、それらが営業に使われていたのは1977（昭和52）年ごろまでで、それ以降は有蓋車が倉庫に、無蓋車がバラスト運搬用の貨車に、それぞれ転用されていた。しかし、木造であったため劣化は

蒲原鉄道で放置されていたワ11（上）とワム1（下）

早く、有蓋車は天井の木部が腐朽して雨漏りし、無蓋車は床の木部が腐朽して穴があき、もはや役目を果たさなくなってしまった。姿は留めていたものの、保存目的ではなく、文字どおりの放置であったため、最後のころは、手でちょっと押せば車体の木部がボロボロと崩れるほどの、究極なまでの荒れ果てた姿となっていた。

そんなとき、蒲原鉄道が1999（平成11）年10月限りで廃線になるとの情報が伝わってきた。こうした放置車両にとって、廃線が決まったときのピンチの度合いは、現役の営業用車両よりも深刻だ。赤字が限界にまで達したから廃線になるわけで、そんなときに清算の原資として重視されるのは用地であり、その用地に居座っている放置車両などは、真っ先に片づけられてしまう対象となるからだ。つまり、蒲原鉄道の廃線決定で、これら木造貨車たちが真っ先にピンチに直面したことになる。

こんなとき、所有者である鉄道会社にいくら歴史的価値を説いてみても、保存を実現することは難しい。鉄道文化財としての保存を本気で考えるなら、もはや自分たちで移設先を確保して、輸送費用も自腹で負担するぐらいの覚悟がなければ、なかなか話が動かない。

ただ、そこまで腹をくくれば、譲渡交渉は意外とスムーズに運ぶこともある。会社にとっては、解体の手間が省けるし、発生する産業廃棄物の処理費用だって節約できる。従業員にとっても、手塩に掛けた車両が後世にまで残ることになる。きちんと筋道を立てて意思を伝えれば、了解が得られる可能性は決して低くはないのだ。

蒲原鉄道の場合も、メンバーとともにボランティア団体「ふるさと鉄道保存協会」として〝木造貨車を5両まとめて全部引き受けたい〟と申し入れた。会社側からは快諾の回答が返ってきたが、そこから先がこの会社の懐の深いところであった。

木造貨車5両のうち2両は、村松の車庫から4・2キロ離れた五泉駅構内に放置されていたのだが、これをトラックで輸送しようとすれば数十万円は掛かったところを、列車の走る合間に会社の方で貨物列車のように仕立てて回送してくださったのだ。もう何十年も走った実績のないボロボロの車両であるし、もし途中で動けなくなったら、そのあとの列車運行にも支障が出てしまう。それでも、事前に車軸のすべてに油を差して、走行中に破片を撒き散らさないように床の腐った木材を事前に全部たたき落とし、当日は「線路閉鎖」という正規の手続きを踏んだ上で、回送中には保線車両が追走するという徹底ぶりで輸送を実現してくださった。普通ではまずあり得ないご厚意だった。

それだけではなかった。通常は立ち入りさえ許可されない車庫を、貨車の修復のために貸してくださったのだ。塗装のためのコンプレッサーやエアガンの使用はもちろん、補修に必要なスト

床の木部も腐朽し荒れ果てた姿となっていたト1

鉄道会社の協力もあり、夜通しで5両の修復作業にあたった

ックの部材も使用が認められ、徹夜での作業に車庫内の詰所での寝泊まりまで許可してくださった。そのお陰で、遠く岡山や大阪、奈良、東京からもメンバーが駆けつけ、夜通しで修復作業を行うことができた。

廃線の2日前までには、5両のうち3両の修復が完成した。すると蒲原鉄道の方はさらに粋な計らいをしてくださった。完成した3両を機関車で牽引して、往時の走る勇姿をよみがえらせてくださったのである。顔を真っ黒にしながら修復に励んだメンバーにとって、これ以上ない、まさに最高のプレゼントであった。その後、残り2日間で5両すべての修復を完成させ、営業最終日には全国から惜別で訪れた人たちに、5両揃った貨車の晴れ姿を見てもらうことができた。

蒲原鉄道の粋な計らいで修復を終えた貨車の本線での運行が実現した

ト2（上）とワ12（下）の搬出作業。ワ12は車体が分割されて搬送されたのち、元どおり修復された

これら5両は、蒲原鉄道が廃止されたあと、新潟県から和歌山県の有田鉄道金屋口駅まで陸送して保管し、のちにワ11は三重県いなべ市の「貨物鉄道博物館」で、ワ12は栃木県真岡市の「SLキューロク館」で、ト2は栃木県那須烏山市の那珂川清流鉄道保存会で、残る2両のト1とワム1が引き続き和歌山県有田川町の有田川鉄道公園で保存されることになった。

当初はあまりにその姿がひどくて、誰からも本来の価値を理解されない状態だったが、会社側の全面的なサポートもあって、素人なりに修復作業に全力で取り組み、最終的には5両すべてを安住の地へ嫁がせることができた。ちょうどダイヤモンドの原石と同じで、そのままでは価値が伝わらないが、土の中から掘り起こし、ほんの少し手間を掛けて磨き上げることで、たちまち誰からも価値を認められる宝に生まれ変わる、まさにそんな事例であった。

〝幽霊列車〟からの奇跡の生還！
―静岡県・大井川鐵道のオハ47（もとオハ46）

その列車は、墓場行きの幽霊列車。一度往ったら、二度とは戻って来られない……。それは決して小説の中の話などではなく、実際にJRの線路上を走っていた列車の話である。

もう少し正確に説明すると、この列車は廃車となって解体される車両を連ねた「廃車回送列車」

のことで、〝墓場〟というのは車両の解体場のことである。乗車することはもちろん不可能で、時刻表にも掲載されておらず、ボロボロの車両が連ねられ、暗闇の中を車内灯もつけずに走り去っていく姿は、まさに〝幽霊列車〟そのものだった。しかも、真っ暗な車内で、たまに人影が動いたりするので、余計に怪しく映ったものだが、それは幽霊ではなく、安全確認のために添乗していた現職の職員の方たちであった。解体場に廃車を送り込むための列車であるから、一度連結されて出発を見送られれば、二度と同じ駅に戻ってくることはない。そんな幽霊列車が、ある時期かなり頻繁に走っていた。連結されていたのは、見るも無残な旧形客車たちで、窓ガラスは割れ、屋根布は剥がれ、車体には錆の垂れた跡が幾筋も汚く浮かんでいた。

今でこそ貴重な存在となっている旧形客車であるが、かつて操車場の敷地を埋め尽くすほどの膨大な数の旧形客車が留置されていた時期があった。それは1987（昭和62）年4月に国鉄が分割民営化されてJRに移行する前後ぐらいのことである。それまでは旧形客車を長く連ねて走っていた普通列車が、急速に短い編成の電車や気動車に置き換えられ、短期間で大量の旧形客車が余剰となったのだ。駅の片隅や、廃止された操車場などに集められた旧形客車は、初めのうちはまだ現役時代の威厳を保っていたが、留置期間が長くなるにつれ、車体の塗装は剥がれ、屋根からは雨漏りが始まり、窓ガラスも割れて荒んだ姿になってしまった。

そんな老朽客車が大量に取り残されたままとなり、各地で異様な雰囲気を醸し出していたが、それから数年後にようやく処分が開始されることになった。留置されていた場所でそのまま解体された客車もあったが、いったん〝幽霊列車〟につながれて操車場に集められ、さらにそこから解体場となる工場や貨物駅へと送り込まれた客車も多かった。

関西地区では、神戸臨港線の旧神戸港駅などが主な解体場となっていたが、ここではとりわけ大規模な解体が行われ、広大な敷地に入ってきた列車を、編成ごと重機で粉砕してしまうような壮絶な方法で作業が進められていた。あるとき、その模様を上空から撮影した航空写真が、新聞の一面をカラーで飾った。ぺちゃんこになった客車や貨車が無数に構内を埋め尽くし、まるで巨大な隕石でも落ちたかのような凄まじい光景が写し出されていた。

このように、ひとたび幽霊列車に組み込まれてしまったら、まず戻って来られないのが通常であった。それでも、ほんのわずかな数だけ、奇跡の生還を果たした旧形客車がいる。現在も大井川鐵道のＳＬ急行に連結されて第一線で活躍しているオハ47　380である。

大井川鐵道は、言わずと知れた全国区の知名度を誇る人気の鉄道であり、新聞各紙には大きな写真入りでツアー募集の広告が載り、ＳＬ急行の始発駅である新金谷駅には全国各地からツアーバスが続々と観光客を乗せてやってくる。この大井川鐵道のＳＬ急行が人気を誇る理由の一つに、

今も大井川鐵道で活躍しているオハ47 380

戦前から戦後にかけて作られた本物の旧形客車を今も使い続けていることがある。冷房装置などはなく、天井では扇風機が忙しく首を振る。窓枠の両端にあるロックを押さえて窓を全開まで押し上げれば、前方からはＳＬの汽笛が響き、下をのぞき込めば鉄橋の隙間から川面が見渡せる。頬に風を浴びながら、膝に載せたお弁当をゆっくりと楽しみ、トンネルに差し掛かったら、慌てて窓を閉める。そんな昔ながらの汽車旅の味わいは、どうしても旧形客車でなければ出せないものである。

しかし、もはや旧形客車を使っている鉄道事業者などほとんどなく、今走っているものが使えなくなったら、新たに入手することは困難な状況が続いている。とにかく大切に使っていく以外に方法はないのだ。

そんなとき、〝幽霊列車〟に連結されて解体の順番待ちをしていた旧形客車に白羽の矢が立った。塗装などは長年の留置で傷んでいたものの、車体そのものは頑丈に作られていたため、もう一度きちんと手入れさえすれば、まだまだ使える状態だった。もとはブルーだった車体は、すっかり色が抜けて灰色に近いような色になっていたが、大井川鐵道で艶やかなブラウンに塗り直され、ふたたび第一線に戻された。もとはオハ46という形式であったが、大井川鐵道に同じ形式の客車がなかったため、オハ47形と改められ、固有の番号のみがもとのままとされた。

同じような幸運に恵まれた旧形客車に、オハ46 398とオハ46 512があり、やはり大井川鐵道で艶やかなブラウンに塗り直され、形式もオハ47形と改められた上で、他の旧形客車と一緒にSL急行で活躍している。

幽霊列車につながれて道中をともにした旧形客車のほとんどが、抗う術もなく消えて行った中で、奇跡的に救い出され、今も多くの笑顔を運び続けている……。数奇な運命をくぐり抜けてきた旧形客車たちにはこの先、さらにどんな運命が待ち受けているのだろうか。

朽ち果てたその客車の素性は⁉

―鳥取県・日ノ丸自動車法勝寺鉄道のフ50

その客車は、車体の外板のあちこちが腐って欠損し、外から中が丸見えの状態になっている部分さえあった。雨漏りが続いた車内では、座席のモケットがすっかり腐り果て、腐朽して落下してきた木片がそのまま車内に放り込まれていた。1999（平成11）年に鳥取県米子市の湊山公園を初めて訪れ、そこに保存されている日ノ丸自動車法勝寺《ほっしょうじ》鉄道のフ50と対面したとき、このような本当にひどい状態になっていた。しかし、国内でも残存数の少ない〝マッチ箱〟と呼ばれるタイプの客車であり、随所に古典客車としての特徴を残していた。

それが明日にでも壊されてしまいそうな状態となっていることを知り、私は即座に腹をくくった。〝もはや客車の価値を説いているのでは間に合わない。最初からこの客車を自腹で引き取る覚悟で臨む〟と。

何だか勇ましいようにも聞こえるが、実際のところは、輸送費用のこと、保管場所のこと、そのあとの修復作業のこと、さらには長期的な維持管理のことなどを考えると、当時まだ社会人2年目の私は、不安感と悲壮感でいっぱいになっていた。

それでも、このままでは貴重な鉄道文化財が滅失してしまうことは確実であり、覚悟を決めて米子市の担当者に電話を掛けた。

ゴミ同然のボロボロの客車を、費用も全額負担で県外に引き取らせて欲しいという申し入れに、決済稟議は〝異議なし〟と極めてスムーズに所管サイドを次々と通過した。

私が最初に腹をくくったとおり、いよいよフ50を自ら引き取ることになる、そのことは確実かと思われた。しかし、意外なことに、最終決裁者からは「市内での保存を検討するように」との指示が出された。その指示の効果はまさにてきめんだった。たちまちフ50のまわりで修復移転に向けての動きが始まったのだ。

米子市では、中心市街地活性化の一環として、元町通り活性化構想の〝米子よりみち通り〟計画が進められていたところで、「元町パティオ広場」の予定地に、このフ50を持ってこようという流れができあがった。

ひとたび波に乗ってしまうと、それはまるで街角でスカウトされた女の子がスター街道を駆け上がっていくように、フ50はどんどん高いところへ祭り上げられていくようだった。当初は修復移転の話だったはずなのに、いつのまにか、フ50を〝大正ロマン電車〟として整備することで、中心市街地の活性化の起爆剤にしようという、すっかり鼻息の荒いものに変わっていた。

鳥取県米子市の湊山公園に保存されていたころのフ50。車体のあちこちが腐って欠損し、外から中が丸見えになっている

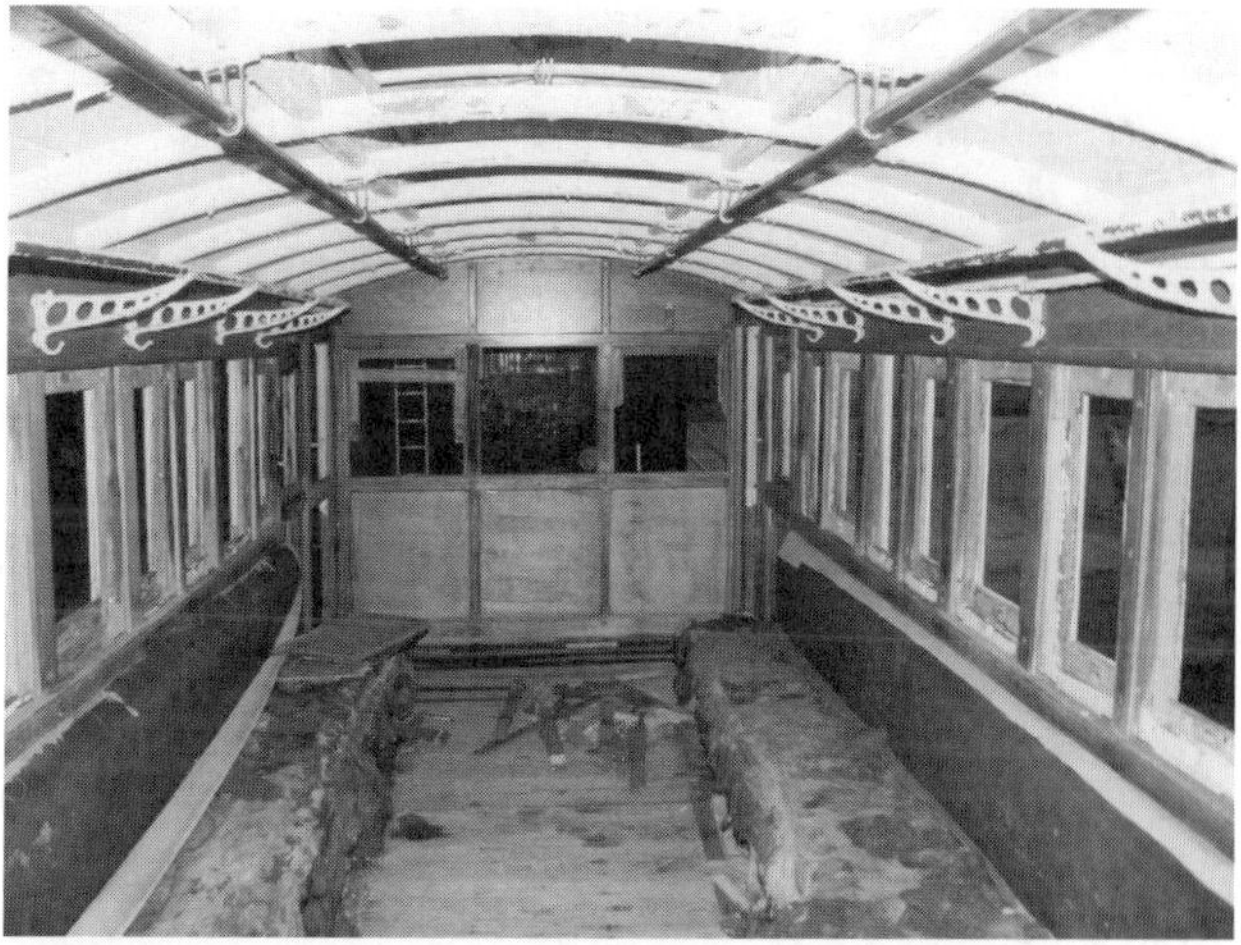

雨漏りが続いた車内では座席のモケットがすっかり腐り果てていたが、随所に古典客車の特徴を残していた

フ50が最後に活躍していた法勝寺鉄道の始発駅・米子市駅が、この元町パティオ広場予定地の近くであったことも幸いした。そのお陰で、修復移転に際しては、「親しまれ利用されたゆかりの地域に戻し、貴重な交通遺産の保存活用と商店街の活性化と振興をめざす」という完璧なコンセプトが書き上げられた。

華々しく銘打たれた「大正ロマン電車保存活用事業」は、県の交付金が申請され、補正予算の要求手続も行われた。2000（平成12）年9月、米子市議会は移設保存修復の実施を決議し、事業費総額700万円を掛けて、ボロボロだったフ50の修復工事と移転運搬工事、外構工事（覆屋、ステップ、レール、利用案内、解説板など）が行われることになったのだ。

ところで、フ50はいつからか「1922（大正11）年製造」であると解説されるようになっており、この事業でも〝大正ロマン電車〟と銘打たれていたわけだが、市民からその経歴を疑問視する声が寄せられ、市では専門家に依頼して調査を行うことになった。

依頼を受けたのは、駿河台大学・文化情報学部の青木栄一先生と、日本労働研究機構・研究所の堤一郎先生（いずれも所属先は当時）で、米子市教育委員会文化課の担当者も立ち会いのもと、2001（平成13）年2月26日に調査が行われた。その結果、フ50は1922（大正11）年に製造された客車などではなく、1887（明治20）年にイギリスで製造された客車で、それも国内に現存する最古の存在であることが判明したのだ。

同年6月にまとめられた「旧日の丸自動車法勝寺鉄道フ50号客車に関する調査報告書」では、次のように報告された。

「現在の日本において保存されている木造二軸客車は極めて少なく、JR四国多度津工場内、加悦SL広場、博物館明治村などで見られるに過ぎない。しかもフ50号の車歴は明治20年製という古さであり、現存している客車では最古のもので、鉄道文化財としては復元の仕方によっては国の重要文化財に指定されるくらいの価値がある。米子市の誇る鉄道文化財として、いつまでも大切に保存してほしいものである」

日本国内に現存する最古の四輪木製三等客車であることが判明したフ50は、無事に原形復元を終え、2001（平成13）年10月26日に記念式典が行われた。式典の当日、市長は「歴史の重みを感じる電車をいつまでも保存したい」とあいさつ。地元商店街振興組合の理事長からも「市の貴重な財産を陳列してもらい感謝している。起爆剤として頑張りたい」とのコメントが発表され、地元の保育園児約100人がシャボン玉を飛ばして修復の完成を祝った。

こんなハッピーエンドが待っているとは、あのときは予想もできなかった。勇気を振り絞って掛けた一本の電話は、我が国最古の木製客車を掘り起こし、修復・保存を実現する、とんでもな

日本最古の木製客車であることも判明し、きれいに修復されたフ50

く大きな起爆剤につながっていたのだ。電話を掛けてからしばらく経ったころ、市の担当者の方から連絡をいただいた。「県外保存案が契機となって、顧みられることの少なかった文化遺産が注目を集めることとなり、保存修理を行い、管理の可能な移転先を確保できる見通しが立ちましたことを喜びたいと思います」

２０１１（平成23）年、フ50は鳥取県保護文化財の指定を受けた。これでもう、あのボロボロの姿に逆戻りすることは二度とないだろう。

切り売り状態から、観光列車の目玉ポイントに
―石川県・鉄道郵便車オユ10形

それは国内にたった2両しか残っていない車両の状態とは思えなかった。塗装はあちこちでひび割れて剥がれ落ち、錆びた鉄板がむき出しになっていた。車体の銘板類はすべて取り外され、車両にとってのアイデンティティと言うべき車番を記した化粧板も切り取られていた。車内の部品類も目ぼしいものは切り売りされ、あとは解体を待つのみという状態になっていた。

これが全国に2両しか現存しない鉄道郵便車・オユ10形のうちの1両、オユ10 ２５６５の１９９７（平成9）年当時の姿であった。

最も傷みが進んでいたころのオユ10 2565

鉄道郵便車は、文字どおり鉄道で郵便物を運ぶための車両で、明治中期にはすでに専用の車両が使用されていたという。そんな歴史ある鉄道郵便車の中で、オユ10形は1957（昭和32）年から1971（昭和46）年にわたって最多の72両が製造された代表的な形式であった。当初は非冷房で製造されたが、郵便物を飛散させないために窓が開けられないことから、労働環境改善を目的として、まだ普及率の低かった冷房がいちはやく1972（昭和47）年から導入されるようになり、屋根の高さを切り下げて冷房装置を取りつける大掛かりな改造も行われた。オユ10 2565は1976（昭和51）年に冷房化改造が完了し、それまでのオユ10 2045から改番された。

幹線系統の急行列車の多くに鉄道郵便車が連結され、窓に掲げられた郵便マークが誇らしげに映った。しかし、高速道路網の整備と宅配便の普及に伴って郵便物の輸送量が減少、そのシェア回復を目指して、送達日数の短縮が図れる自動車や航空機へのシフトが進められた。こうした輸送体系の変更によって鉄道郵便車は次第に活躍の場を狭め、1986（昭和61）年9月末ですべての運用が廃止となった。大半の鉄道郵便車は転用もされずに解体され、製造からわずか4年というまだピカピカの鉄道郵便車まで屑鉄になってしまった。保存された全室郵便客車は全国でもわずか3両（オユ10形2両、スユ15形1両）に過ぎず、その中の1両がこのオユ10 2565だったわけで、極めて価値の高い貴重な存在だったのだ。

第三セクター鉄道・のと鉄道の能登線が１９８８（昭和63）年３月に開業するのを前に、このオユ10形を沿線の目玉にしようと、１９８６（昭和61）年12月にわざわざ青森県から運んできたまではよかったが、活用のめども立たないまま石川県穴水町の甲《かぶと》駅の側線での留置が続き、冒頭で紹介したような荒れ果てた姿となってしまったのだ。

たまたま旅行で能登半島を訪れた１９９７（平成９）年に、初めてその惨状を目にしたのだが、もうあまり先が長くないことを予感させる状態であった。その時点では、まさかこのオユ10形を救えることになるとは思ってもいなかった。

このころの私は、第１部第３章でも紹介したとおり、１９９７（平成９）年８月に貰い受けた電気機関車・ＥＦ70形の塗装に仲間とともに励んでいたのだが、それも無事に終わったことから、このオユ10形の状況を確認すべく、のと鉄道本社に電話を入れた。そのとき電話口で聞かされたのが、オユ10形の解体方針だった。

解体のストップが何よりも急がれたため、その場で即座に譲り受けたい旨を申し入れ、後日の交渉で正式に無償譲渡が決まった。その後、防水業を営む友人の指導で１９９８（平成10）年４月に修復を開始し、同年10月には初めての一般公開にこぎつけた。

１９９９（平成11）年にふるさと鉄道保存協会が結成されてからは、このオユ10形を同協会の

2013（平成25）年夏に大規模な修復工事が施されたオユ10 2565

所有として、毎年の一般公開を続けた。来訪者の中には、のちに同協会の鉄道郵便ワーキンググループのリーダーとなる中井さんの姿もあった。鉄道郵便局職員として鉄道郵便車の乗務経験があった中井さんのリーダーシップのおかげで、かつて車内でどのような作業が行われていたのか、実物の郵袋や模擬郵便物を使った区分実演や郵袋積卸実演なども定着していった。

１９８６（昭和61）年12月に車籍が抹消されてから15年以上が経過した２００３（平成15）年ごろには、天井のＡＵ13形クーラーのパッキンなどが劣化して雨漏りも発生したが、メンバーがシートで覆ってそれを克服し、塗装が傷んだ部分は繰り返し補修が行われた。

このように、解体寸前だったオユ10形は大切に維持されたが、保存されていた甲駅へと通じる能登線の廃線が決定し、全国へつながる鉄道網から切り離されてしまうというピンチにも直面した。関係者で協議を重ね、ワーキンググループのメンバーが輸送費用をカンパで集めた結果、2004（平成16）年11月には存続したのと鉄道七尾線の能登中島駅への移送が実現し、無事にピンチを乗り切ることにも成功した。

オユ10形が現役を引退してから25年以上が経過し、車体の劣化も各所でかなり深刻になってきたところ、能登半島地震復興基金事業によって大規模な修復工事を受けることになった。2013（平成25）年7月から9月にかけて実施された修復工事では、鉄道車両の専門業者により外板修理と塗装が行われ、車体は往年の美しい輝きを取り戻した。

2015（平成27）年3月のダイヤ改正とともに、北陸新幹線の長野～金沢間が延伸開業した。のと鉄道ではこれにあわせて、同年4月より新たな観光列車「のと里山里海号」の運行を開始。土日祝日等に年間150日ほど運転される「ゆったりコース」では、能登中島駅で列車を10～15分停車させ、鉄道郵便車の見学が目玉として加えられるなど、オユ10形の存在はますます注目を集めることになりそうな状況である。

1個300円の老朽コンテナが殿堂入り⁉
―埼玉県・鉄道博物館の6000形ほか

駅のホームで列車を待っているとき、コンテナ列車の通過を見る機会は案外多いが、長い編成が高速で通過していく様子は、日本の物流を担う大動脈であることを実感する。

コンテナ列車が今日のように鉄道貨物輸送の主役を担うようになったのは、そんなに古いことではない。１９５９（昭和34）年に東京の汐留駅と大阪の梅田貨物駅を結ぶコンテナ特急「たから号」の運転が開始されたことが本格的な幕開けであり、その後、全国の主要幹線へと拡大していった。とりわけ１９８７（昭和62）年に最高時速１１０キロを誇るコキ１００系が登場して以降は、コンテナ列車による年間の輸送トン数が２０００万トンを超え、鉄道貨物輸送のおよそ7割を占めるまでになった。

これほどまでに鉄道コンテナが重宝されるようになったのは、従来の貨車のように貨物駅で積み替えることなく、そのままトラックに載せ替えて目的地まで運べるという利便性があったからであり、鉄道事業者にとっても、従来の貨車に比べると、片道を空車で回送することによるデメリットが少ないということがあったからである。

短期間のうちに飛躍的な進化を遂げたコンテナ列車であったが、その発展の歴史をきちんと残そうとする取り組みは、ほとんど皆無に近い状況であった。箱型の有蓋コンテナは、鉄道での用途に適さなくなってからも、その頑丈な構造から倉庫として人気があったため、古いコンテナでも比較的見かけることがあったが、タンクコンテナなどは見向きもされず、しばらく貨物駅の片隅に放置されたのち、いつのまにか姿を消していくことがほとんどだった。

私が社会人2年目のころに勤めていた大阪の病院の近くには、大阪の貨物拠点として長く君臨していた梅田貨物駅があり、許可を得て構内を見学して歩いたときには、倉庫代用となった古い有蓋コンテナやタンクコンテナがいくつも構内に残されているのを確かめていた。

ある日の朝、職場への出勤で梅田貨物駅の横の道を歩いていると、一角に古いコンテナばかりが積み上げられているのを目撃した。錆びたり凹んだりした老朽コンテナばかりで、それらが廃棄目的で集められたものであることは一目瞭然であった。その中には、前の見学のときに撮影した有蓋コンテナの6000形や、タンクコンテナのT10形（当初は400形）なども含まれていた。

有蓋コンテナの6000形は、国鉄コンテナ輸送が始まってから初めて量産されたエポックメイキングな5トン積みコンテナで、1960（昭和35）年から1965（昭和40）年にかけて5

180個が製造されたが、営業用として残っているものはすでになく、倉庫として残っているのもごくわずかだった。

タンクコンテナのT10形は、これまた国鉄コンテナ輸送で初めて登場したエポックメイキングなタンクコンテナで、やし油や大豆油、ラード、ごま油などの動植物性硬化油の輸送に使われた。T10形も営業用として残っているものはすでになく、そもそも現存しているものがこれ以外にあるのかさえ不明という、かなり貴重な存在だった。

多忙を極める貨物駅で、不要なコンテナがわざわざ一角に集められていて、いつまでも無事なはずがない。処分されてしまう前に、すぐに貨物駅の事務所を訪れた。

その直感はやはり当たっていた。中古コンテナとしても売れないような状態の悪いものばかりであるため、近く廃棄物として処分する予定だという。それなら譲って欲しいと相談したところ、手続きの関係上、タダというわけにはいかないが、通常の中古コンテナよりもはるかに安い価格で譲ってもいいとの返事だった。その値段は1個3000円。まるで模型でも買うような値段であった。ふるさと鉄道保存協会の仲間たちとも相談して、最終的にコンテナを6個まとめて買うことになった。このうち4個が保存用で、残りの2個はトラックを貸してくださった建設会社にお礼として差し上げる分だった。

梅田貨物駅からのコンテナの搬出作業。1台のトラックは自らハンドルを握った

コンテナは当然のことながら梅田貨物駅での現地渡しであり、6個運ぼうとすると、1回に1個しか積めないため、保存先の和歌山県と梅田貨物駅との間を6往復もしなければならない。そこで建設会社の方に協力をお願いして、一度に2個まで積める大型トラックを出していただき、私の運転するトラックとあわせて2往復で6個を和歌山県内まで運ぶことにした。ふだんトラックを運転する機会などめったになく、しかも大きなコンテナを積んでいるため後方はまったく見えない。トラックもコンテナ専用車ではないため、固定はワイヤーだけであり、急ハンドルなどを切ればコンテナを荷台から落下させかねない。本当に手に汗を握りながらの輸送だった。

和歌山県内に運び込んでからは、6000形とT10形を塗り直したが、狭いところに押し込んだT15形とC10形は手つかずのままで、とりあえずの保存が続いた。本当ならば、コンテナたちを積んで走っていたコンテナ車の方もセットで保存すべきであったが、新たにコンテナ車まで入手するだけの資金も置く場所もなかった。

このようにはっきりとした見通しもなく、ただ物をかき集めているようにしか見えない方法について、疑問を持たれた方もいることだろう。それは仕方のないことで、鉄道文化財の保存に関わっている当事者の間でさえ、認識を完全に一致させることは難しかった。もちろん私も、何のポリシーもなく闇雲に物をかき集めているわけではない。今行動しなければ、残すべきものが滅失してしまう、そんなピンチの場合にだけ、それなりの覚悟で物を残してきたつもりだ。

すでに価値評価が十分に定まっているものであれば、私や仲間が動かなくても、然るべき大きな組織が、然るべき大きな予算を投じてきちんと保存をしてくれる。しかし、まだ価値評価の定まっていないもの、たとえば今回のコンテナのようなものの場合には、価値評価が定まるまでに、まだまだ時間が掛かるはずである。それを待っていては、価値評価が定まったころには、物は何も残っていないことになる。物がなくなってからでは、同じ物はもう取り戻せない。歴史的に重要だと確信したものは、仮にその時点で価値評価が定まっていなくても、その重要性に気づいた者が確保しておくべき、そう思って行動しているだけなのである。

交通博物館の学芸員であった故・岸由一郎君と私が、よく口にしていた合言葉がある。それは、〝物さえ残っていれば、あとは何とかなる〟というものだった。たとえそのときには理解されにくくても、物さえ残しておけば、あとは次世代の人たちがそれを評価したり、活用したりしてくれる、そんな気持ちから出た言葉だった。

このコンテナたちに関しては、思ったよりも早くに、その来たるべき時が来た。

埼玉県さいたま市で、2007（平成19）年10月を開館目標として「鉄道博物館」が建設されることになり、収蔵予定車両の中にコンテナ車も含まれることになったのだ。しかも、まだ上に

鉄道博物館で展示されている6000形とT10形

載せるコンテナは決まっていないという。さっそくコンテナ3個（6000形とT10形、T15形）の寄贈をJR貨物を通じて申し入れ、それは快諾の返事をもって受け入れられた。

6000形とT10形は素人の手仕事で色だけは塗り直していたが、博物館での展示を前に、3個のコンテナはメーカーの工場に運び込まれて整備され、まるで新品のような完璧な仕上がりで博物館に納入された。

外板が凹んでいた6000形も、パリッと美しく修繕されてコンテナ車の上に載せられた。さすがプロの仕事だと感心しながら、殿堂入りしたコンテナたちを眩しい思いで眺めた。

本当に土の中から〝ターンテーブル〟を発掘！
――岡山県・美作河井駅、宮城県・作並駅

この章のタイトルを「掘り起こせ、鉄道文化財！」としたのには、比喩的な意味合いが多分に含まれているが、本当に土の中に埋まっていた鉄道文化財を掘り起こすという取り組みも相次いでいる。

岡山県津山市の因美《いんび》線美作《みまさか》河井駅と宮城県仙台市の仙山《せんざん》線作並《さくなみ》駅で発掘されたのは、〝ターンテーブル〟である。ターンテーブルとは、円形に掘り込まれたピットの上に回転する橋梁を設置し、

文字どおり、土の中から発掘された美作河井駅のターンテーブル

主にSLやラッセル車の方向転換のために使われていたものだが、回転させるべき主役がいなくなってしまうと、撤去されたり、そのまま放置されたりしてしまい、ピットに土砂が流れ込んで埋もれてしまったものもあった。

近年の鉄道文化財への関心の高まりが、長らく土に埋まっていたターンテーブルを掘り起こそうという機運を高めるところまできたのであるから、何とも心強い。

美作河井駅の構内にあるターンテーブルは、除雪で因美線の鳥取方面から峠を越えてきたラッセル車を方向転換させるために使われていたもので、直径約12メートル（40フィート）のものが設置されていた。しかし、使われなくなってからのピットはすっかり土に埋まり、樹木まで生えて所在が分からなくなっていたという。２００６（平成18）年に樹木が伐採されたとき、ターンテーブルの存在が明らかになり、土の中から掘り起こされた。

40フィートの転車台は国内でも愛知県犬山市の「博物館明治村」と青森県中泊《なかどまり》町の津軽鉄道津軽中里駅、そしてここ美作河井駅の3か所にしか残っていないとされ、しかも完全な形で残っているものは美作河井駅のターンテーブルが唯一とも言われている。２００９（平成21）年には経済産業省の近代化産業遺産に認定され、案内板も設置されて広く知られるところとなった。

因美線の智頭《ちず》〜津山間は、優等列車の運行も廃止され、すっかり近代化から取り残されたような状態となっているが、逆に古いままで残っている駅舎などに注目が集まるようになり、１９２８（昭和3）年の開業当時の木造駅舎が使用されていた美作滝尾駅では、地元の存続運動で駅舎が残され、国の登録有形文化財になった。知和《ちわ》駅にも１９３１（昭和6）年の開業当時のままの木造駅舎が残り、旧津山扇形機関車庫が脚光を浴びたこととあわせ、因美線沿線の鉄道文化財が一体的に関心を集めるようになった。観光シーズンには臨時列車の「みまさかスローライフ列車」も運転され、美作河井駅のターンテーブルや美作滝尾駅の木造駅舎が見学できるよう、それぞれの駅で30分前後も停車するという非常にゆったりとしたダイヤが組まれている。こうしたさまざまな取り組みのお陰で、土の中から掘り起こされた美作河井駅のターンテーブルもすっかりスタ

作並駅で発掘されたターンテーブル。コンクリート製のピットも完全な姿で残っていた

I級の扱いである。

ターンテーブルを発掘する取り組みは、作並駅構内でも実現した。ここ作並は、日本で初めて交流電化が行われた発祥地で、かつては構内に機関区も置かれていた。当初は直流電化で、それも山岳区間の作並～山寺間のみが電化されていたため、ここで折り返しを行うSLのために全長約18メートルのターンテーブルが設置されていた。のちに仙山線の全線電化が完成すると、ターンテーブルは使われなくなり、以降はすっかり土砂に埋もれてしまった。かろうじて地表から鋼製のヤグラ部分だけが出ている状態で、あとはすべて草の下に眠っていた。

そんなターンテーブルを発掘しようとの機

運が高まったのは、沿線の住民たちが仙山線の再評価を目的に、トンネルや鉄橋などの鉄道施設群を、土木学会の選奨土木遺産として認定してもらおうと活動を始めたことがきっかけだった。ターンテーブルも選奨土木遺産の対象となることが目標とされたが、それには土で埋まったままでは難しいということで、掘り起こそうという動きにつながった。寄せられた協賛金に加え、地元の作並温泉旅館組合も費用を拠出し、JR東日本仙台支社の許可も得て、2014（平成26）年3月に掘り起こしが行われた。草の下からは、SLを載せるための桁が全貌を現わし、その下にはコンクリート製のピットも完全な姿で残っていた。

こうした努力のお陰で、同年9月にはみごとに選奨土木遺産への認定を勝ち取り、同じく仙山線の山寺駅に残るターンテーブルや、旧作並機関区の機関庫、奥新川《おくにっかわ》直流変電所、仙山隧道、第二広瀬川橋梁なども あわせて選奨土木遺産として認定された。

2014（平成26）年11月には、ターンテーブルの初めての一般公開も行われ、およそ80年前の当時の姿をそのまま残して地中からよみがえった状態に市民らが見入った。ここ作並機関区で活躍していた交流電気機関車たちは、今も東北本線利府《りふ》駅近くの新幹線総合車両センターに保存されており、それらを作並に移設して展示しようという案も出ている。この発掘されたターンテーブルをコアとして、交流電化発祥地としての整備を一層進め、仙山線全体の活性化につなげたいとメンバーたちは意気込んでいる。

最低価格1200万円、その入札の結末とは!?
―栃木県・SLキューロク館のスハフ44形

最低価格1200万円という、保存車両としては過去に例のないような高額のオークション価格に、誰もがため息をついた。青函連絡船の羊蹄丸の船内に保存されていた、旧形客車のスハフ44形に設定された最低価格がこの金額だったのだ。

羊蹄丸は1965（昭和40）年に就航した全長132メートル、総トン数8311トンの車載客船で、1200人の旅客と48両の貨車を搭載することができ、1988（昭和63）年3月までの間に延べ1178万人もの乗客を運んだ。最後のころは惜別の大フィーバーを巻き起こし、引退後は東京の臨海部まで移送されて「船の科学館」で保存された。海上に浮かべた状態で展示された羊蹄丸の船内には、非常に手の込んだジオラマが多数造りつけられ、車両甲板には実物のスハフ44形とディーゼル機関車のDE10形も展示された。青函連絡船の現役当時の様子を伝えるという意味では、とても理想的な展示スタイルとなっていた。

しかし、年間に要する維持費用が3000万円にも上り、保存の継続が断念され、2011

羊蹄丸の車両甲板に展示されていたスハフ44形とDE10形

（平成23）年9月末限りで公開は中止となった。船体については無償譲渡の公募がなされ、複数の応募があった中から、譲渡先として愛媛県新居浜《にいはま》市の「えひめ東予シップリサイクル研究会」が選ばれた。研究会では、新居浜市の黒島埠頭で最後の一般公開を行ったのち、効率的で環境に影響の少ない解体方法の実験素材として、この羊蹄丸を活用するとのことだった。

このとき気掛かりだったのは、船内の車両甲板に残されているスハフ44形とＤＥ10形の行方だった。いずれも完璧に整備された状態で展示されていたため、塗装などもツヤツヤの美しいままであり、壊してしまうにはあまりにも惜しい存在だったからである。

えひめ東予シップリサイクル研究会には、スハフ44形を購入したいとの申し入れが複数寄せられたという。そこで研究会では、最低落札価格を１２００万円とするオークションを実施することとして、応札者を募ることになり、その算出の根拠となった作業内容と船内から運び出す手順を広く公開した。

それによると、運び出す方法としては以下のとおりであることが説明された（原文どおり）。

①岸壁に、３５０ｔクレーン１台、１５０ｔクレーン１台を配置。
②羊蹄丸Ⅱ後方に、客車を載せるための台船を配置。
③羊蹄丸船尾のゲートを溶断（現在、溶接にて周囲を固定しているため溶断が必要）。

④150tクレーンでゲートを外す。
⑤客車を引き出し、台船に載せた後、岸壁に吊り上げる。
⑥ゲートをもとに戻し、周囲を溶接にて固定。

最低落札価格として設定した「約1200万円（天候や海の状況により変動要因あり）」がこの作業に掛かる経費であるとし、「この経費の中には、2台のクレーン費用、溶接・溶断費、台船曳航費、及び計画・準備から実作業などに関わる人件費を含んでいます。（中略）あくまでも、羊蹄丸前の岸壁までの経費であり、ここから、購入者のもとに運搬するトレーラー、クレーンなどの経費は見込んでいません」との説明がなされた。

普通では到底手の出せない高い金額設定に、各方面で大きな話題をさらったものの、諦めムードが大勢で、私もスハフ44形とDE10形の未来を悲観していた一人だった。

しかし、予想はうれしい方向に裏切られた。まさかの落札が行われたのだ！

落札したのは、大金持ちの個人などではなく、栃木県真岡市の「SLキューロク館」だった。「SLの走るまち」として町づくりを進めている真岡市で、観光振興、交流人口の増大を通じて鉄道利用者の増加を図ろうと、設置準備が進められていたこの施設で展示されることになったのだ。

2012（平成24）年7月、えひめ東予シップリサイクル研究会が公表したとおりの手順でスハフ44形は搬出され、千葉県いすみ市の「ポッポの丘」への譲渡が決まったDE10形も一緒に搬出された。

「SLキューロク館」には、市内の井頭《いがしら》公園に展示されていた9600形49671号が移設され、他にもディーゼルカーのキハ20 247、車掌車のヨ8000形8016号、無蓋車のト1形60号、有蓋緩急車のワフ15形16号、そしてこの章で紹介した蒲原鉄道の木造有蓋車・ワ11形12号などが一堂に集められて、2013（平成25）年4月にオープンした。

驚いたのは49671号で、何と圧縮空気を動力源にして、毎週土曜、日曜と祝日に展示走行を披露するのだ。1日3回、100メートルほどの距離を2往復ずつ走行し、連結されるヨ8593には1回300円で乗車することもできる。

1200万円という最低落札価格に落胆したあとで、まさかこんな驚きが連続するとは想像していなかった。スハフ44形は、今のところ館内で静態保存となっているが、当初計画では動態保存の可能性も考慮されていた。いつか将来、SLに牽引されて真岡鐵道の本線を走行するような、さらなる驚きの日がやってこないとも限らない。

掘り起こしに失敗!? 個人での挑戦の挫折とその後

―富山県・能町駅の7000形

この章の中で、国鉄コンテナの6000形とT10形、T15形が埼玉県さいたま市の鉄道博物館に収蔵された事例を紹介したが、これとは別に、国鉄コンテナの7000形にまつわる、ちょっとほろ苦い話についても紹介しておきたい。

7000形は、先の6000形とほぼ同じ時期に製造された有蓋コンテナで、寸法もほぼ同じであったが、扉の位置が側面に変わっており、それによって駅のホームでのコンテナへの積み卸しが可能となった。コンテナを使って小口混載輸送を行う場合には、この方が便利なのであった。6000形は5180個が製造されて国鉄コンテナの黎明期を代表する存在となったが、7000形の製造は1962（昭和37）年から1965（昭和40）年にかけての200個だけで、国鉄コンテナとしてはマイナーな存在であった。1970年代に入ると数を減らし始め、1984（昭和59）年度には形式消滅となった。民間への払い下げによる倉庫での利用も稀であったため、現存が知られていたのは、高岡市にあるJR氷見《ひみ》線の能町駅にあった旧コンテナ基地で倉庫代用になっていた7000形7100の1個ぐらいであった。

JR氷見線能町駅構内に置かれていたころの7000形7100

能町駅の構内は広く、コンテナを扱うためのホームも備わっていたが、2002（平成14）年に新しく高岡貨物駅が稼働を始めると、業務はそちらへ移転し、静かになった構内で7100はポツンと取り残されたような感じになっていた。

一応、屋根の下には置かれていたが、融雪剤などに使われる塩化カルシウムの保管が行われていたため傷みはひどく、いずれ壊されてしまうことは間違いなさそうだった。

国鉄コンテナとしては、すでに代表格の6000形が鉄道博物館で展示されてはいたが、せっかく現存している7000形がこのまま消えてしまっては惜しいと思い、個人的に引き取ることが叶うならば、外観はきちんと維持しながら内部を書庫として使いたいと思い、当時ジェイアール貨物・北陸ロジスティクスの会長を務められていた島さんに相談してみることにした。
「先日、能町駅の旧コンテナ基地に、かなり古い国鉄コンテナの7000形7100が残っているのを拝見いたしました。外から拝見した限りでは、JR貨物様としてご利用の様子は見受けられませんでしたが、相当に錆びて劣化している印象でした。もし、最終的に解体などの処分をご検討でしたら、ぜひ私の方に譲っていただくことはできませんでしょうか。据え置き型の倉庫として使わせていただきたいと考えております。もしお譲りいただける場合は、ぜひ御社に、このコンテナの補修を有償でお願いしたいと思っております」

返事はすぐに返ってきた。能町駅のこの7100に関しては、すでに問い合わせを受けたこともあるとのことで、そのときは具体的な見積もり金額まで出したという。ただ、外壁は何とか修復が可能であるものの、底部の腐食が甚だしく、相当の費用を要することも教えてくださった。

すでに問い合わせがあったことに驚いたが、修復に要する費用が予想以上に高かったことにも唸ってしまった。中古で販売されている比較的新しいJRコンテナ、たとえば1996（平成8）年から製造されている19D形と比較すると、その金額のほぼ倍であった。据え置き型の倉庫として使うことだけを考えるのであれば、安くて新しいコンテナの方を選ぶのが普通であろう。ただ、7000形を守りつつ、据え置き型の倉庫としても使うという一石二鳥を狙うのだから、頑張って投資することは選択肢として十分可能だと思った。少し迷った末、最終的には修復をお願いすることを決断した。

2013（平成25）年6月、「ぜひ正式にご契約をさせていただければと思っております」と決意を伝え、「引き受けさせていただきます」という回答を島さんからいただいた。国鉄コンテナとしての外観やレタリング等はきちんと維持しつつ、内部を書庫として使うことを目的として、7100の修復は着手されることになった。

同年9月、いよいよ7100の修復開始に向けて、近日中に能町駅から金沢貨物ターミナル駅まで引き上げられることになり、その前に一度、能町駅の現地で確認と打ち合わせを行うことになった。実際に現地で7100を目の前にしながら細かく確認していくと、劣化している部分が当初の想定よりも広範囲に及んでいることが分かり、修復の見積もり金額は前回の倍に跳ね上がった。

もし私がここで修復を断念するなら、7100は解体することになるという。私の決断に、レアなコンテナの命運が掛かっているというのは非常にプレッシャーであった。しかも、この時点での見積もり金額はあくまでも着手前の金額であり、実際に修復作業を進めていくうちに、もし新たな不具合が見つかれば、修復に掛かる費用がもっと跳ね上がる可能性だってある。それでも覚悟を決めてゴーサインを出すか、それともここで断念するか、大変に勇気のいる決断となった。

そこで、仮に内部や床のダメージがひどくて、フォークリフトで持ち上げようとしたときバラバラになってしまうような場合には、それ以上の深追いはせず、そこで潔く断念するという私の限界もお伝えした上で、頑張ってゴーサインを出すことにした。やれるギリギリまでは頑張っておかないと、後々まで自分の中で後悔が残りそうだったからである。そうした私の覚悟をよく理解してくださった上で、「ご期待に応えられるよう最善を尽くしたいと思います」と島さんは修復を引き受けてくださった。

2013（平成25）年10月、いよいよ7100が能町駅から金沢貨物ターミナル駅まで引き上げられてきた。状態は非常に悪かったとのことで、フォークリフトで持ち上げたところ、底が抜けそうだったという。修復ができるかどうかを担当者が詳細に調査したところ、外板の腐食が甚だしく、溶接が不可能であるとの判断が下された。最終的な結論としては、今回の修復は断念ということになった。

その連絡を受け取ったとき、残念という気持ちとともに、半ば安堵の気持ちもあった。このまま天井知らずの状態で修復金額が上がっていくのを不安に思う気持ちも正直なところあったからだ。

ただ、おそらく国内で現存する最後の1個であると思われる7000形の救済は、この時点で挫折したことになる。せめて、その姿だけはきちんと記録に留めておきたいと思い、改めて金沢

金沢貨物ターミナル駅に移動後の7000形7100。底部の腐食をはじめ全体の傷みがひどく、修復することは叶わなかった

貨物ターミナル駅まで出向くことにした。

何世代も前の歴史的なコンテナが、最新鋭のコンテナに囲まれて同じ時空を共有している光景は、何だか奇跡を見ているような気がして、７１００に神々しいものさえ感じた。関係者の尽力で実現したこの光景を、一人でも多くの方に伝えたいと思った。

誌上でこの７１００のことを紹介させていただけないか、月刊誌の編集長にお願いをしたところ、快諾のお返事をいただくことができ、私はさっそく原稿の執筆に取り掛かった。その執筆の最中に、奇跡が起きた。

「７１００の行き先が決まりました」との連絡が届いたのだ。すでにコンテナ車のコキ２８４７８を保存している那珂川清流鉄道保存会が、現状渡しで７１００を引き受けてくださることになったという。

２０１３（平成25）年11月、金沢貨物ターミナル駅を出発した７１００は、那珂川清流鉄道保存会のもとに届けられ、無事に屋根の下に設置された。今後修復が行われるとのことで、雑誌の原稿にもその朗報を盛り込むことができた。ただ、移設後に強風で７１００の扉の蝶番が破損、扉の１枚が脱落した状態になってしまったという。まだまだ道のりは長いが、いつか７１００が美しい姿を取り戻して、コキ２８４７８の上に載せられる日が来るのを楽しみに待ちたい。

第3章　鉄道文化財の掘り起こし、海外の現場を見る

鳥小屋になっていた1等車、執念の掘り起こし
―イギリス・ブルーベル鉄道のNo.7598

第2章では、厳しい現実の中から、鉄道文化財がいかに掘り起こされ、守られてきたかについて、国内の事例をいくつか紹介した。では、海外では鉄道文化財はどのような取り扱いを受けているのだろうか。本章では、これまで訪ねた国々の中から特に印象深い事例について紹介する。

初めに紹介するのは、鉄道文化財保護における世界のリーダー的存在と言うべき国、イギリスの事例である。

イギリスでは、歴史的価値の継承を目的として、ボランティアによって運行されている「保存鉄道」が全国に100以上も存在している。保存鉄道では、線路や駅舎の所有から維持管理、そして列車の運行から経営までのすべてを有償・無償を含めたボランティアが担っている。それを世界で最初に実現したのが、1951（昭和26）年にウェールズ地方で再興された「タリシン鉄道」で、可愛らしいナローゲージの保存鉄道である。そして1960（昭和35）年に世界で初め

て標準軌の保存鉄道として再興されたのが、サセックス地方を走る「ブルーベル鉄道」である。ブルーベル鉄道はロンドンからも近く、日帰りでの訪問も可能であることから、日本からの訪問客も多い保存鉄道の一つとなっている。

このブルーベル鉄道の特徴として、保存鉄道としての歴史が長いこと以外に、保有している車両の数が多いことが挙げられ、SL30両以上、客車100両以上、貨車60両以上を数え、そのあまりのスケールの大きさは我々の想像を超えるものである。さらに、数が多いだけではなく、その整備状況も目を見張るものがあり、中でも1等車・No.7598の復活劇は、鉄道文化財の保護に掛ける英国人の執念さえ感じられるほどの事例である。

No.7598は、1903（明治36）年に製造されたボギー構造の1等車で、車内には6つのコンパートメントがゆったりと配置され、1両の定員はわずか36名という贅沢な設計となっていた。1931（昭和6）年に廃車となったが、車体のみが払い下げられて住居として使われ、晩年は鳥小屋となっていた。

ブルーベル鉄道では、20世紀初頭に同線を実際に走っていた客車を保有していなかったことから、数年掛かりで該当する客車を探していた。そして見つけ出されたのが、このNo.7598であった。発見された当時、窓ガラスは割れて欠損し、車体のあちこちが腐食して穴まであいている

ブルーベル鉄道の位置図

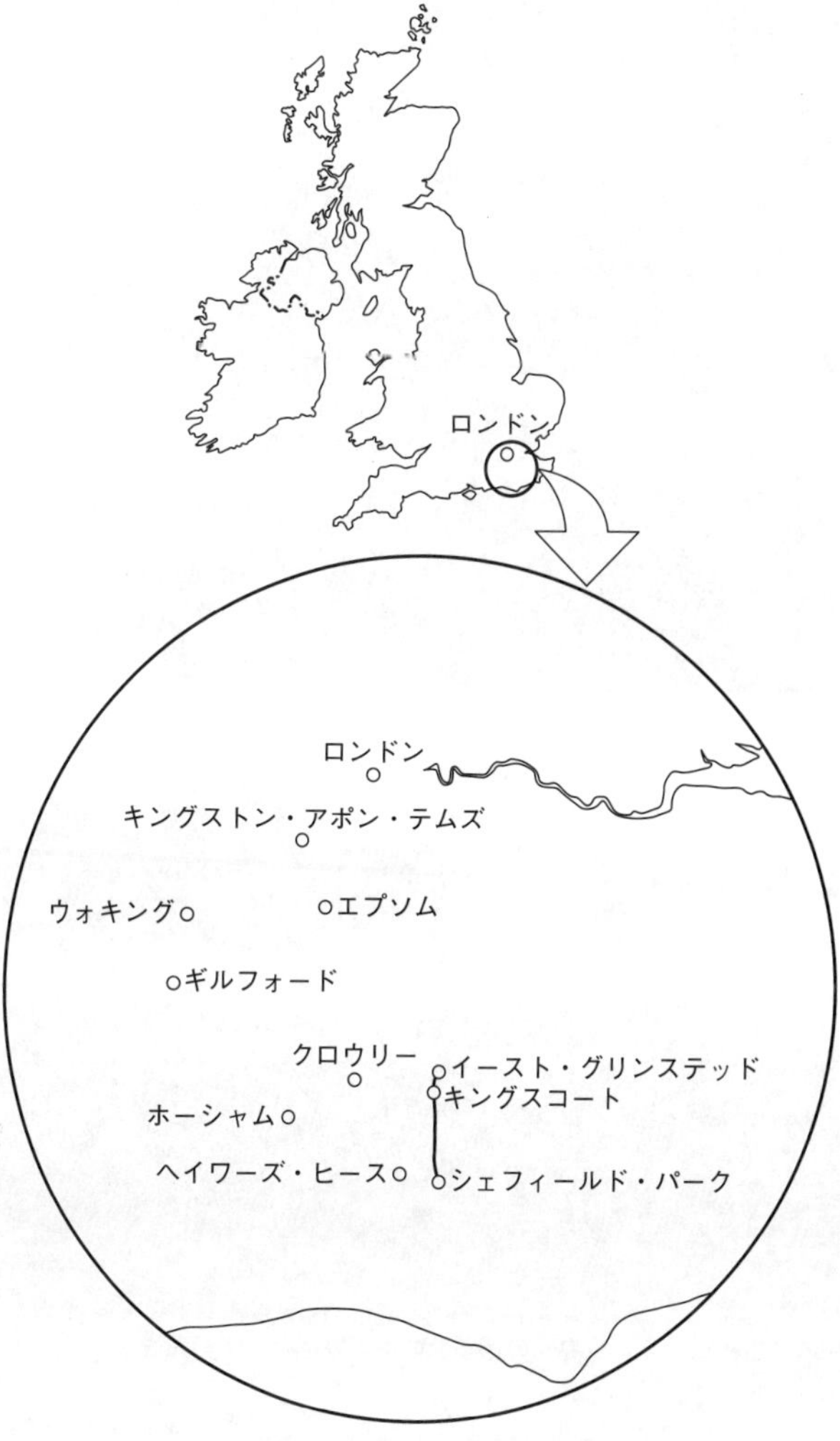

1960（昭和35）年に世界初の標準軌の保存鉄道として再興された「ブルーベル鉄道」

ような状態であったが、1989（平成元）年にトレーラーに積み込まれて同鉄道の車庫へ運ばれ、ひとまず保管された。

引退から60年近くが経過し、最後は鳥小屋として使われていたNo.7598であったが、全体を覆う屋根が架けられていたことが幸いして、骨組みには大きなダメージはなく、6年掛かりの徹底した修復が開始された。

残されていたのは車体のみであったため、この車体に適合する台枠や台車も探された。入手できた台枠は、50フィートのものが48フィートに切り詰められたものであったため、これを復元する作業も行われた。

車体は、骨組みだけを残して外板は総張り替えとなり、欠損していた真鍮の部品や灯具、ドアなどは他の客車からの発生品が集められた。内装に関しても、車体の中に残存していたオリジナルの素材をもとにして、濃い青色のモケットが復元され、銘木であるウォールナットを素材とした化粧板がはめ込まれた。

最後の塗装は、1920～1940年代に存在したサザン鉄道のオリーブグリーンで仕上げられ、1998（平成10）年6月にはいよいよ試運転が行われた。この時点で内装は、まだ一つのコンパートメントしか完成していなかったが、さらに1年を掛けて他のコンパートメントの内装

鳥小屋から6年掛かりで修復されたブルーベル鉄道の1等客車・No.7598

が仕上げられた。１９９９（平成11）年5月にはそのすべてが完成し、復元を支援した人たちへのお披露目が行われた。これらの作業は費用の調達も含め、すべてボランティアによって賄われた。２００３（平成15）年には英国鉄道遺産保存協会が2年に一度贈る賞である「Coach of the Year」にも選ばれた。

この客車の復元劇を見ても、ブルーベル鉄道の鉄道文化財に掛ける意気込みと凄さが伝わってくるが、２０１３（平成25）年3月23日には、さらに壮大な事業が達成の日を迎えた。

ブルーベル鉄道は、１９６３（昭和38）年に国鉄の支線が廃止されて以降、他路線との接続を持たない孤立した保存鉄道となっていたため、キングスコート～イースト・グリンステッド間の復活による全英の鉄道ネットワークへの再接続は、かねてよりの悲願であった。

その悲願達成に向け、２００３（平成15）年までに用地買収を完了させ、同年9月以降は復活に向けた工事も開始された。切り通しとなっていたこの区間はゴミ捨て場として利用されていたため、深さ20メートルはあろうかという切り通しはゴミで埋まっていたが、それらを取り除いてもとの道床を掘り起こす作業が大型の重機を使って進められた。

往年の姿を取り戻した切り通し区間には、30両もの無蓋車を連ねてバラストが運び込まれ、レールが次々と敷設された。そして２０１３（平成25）年3月23日、遂に再開通の一番列車がこの区間を走ったのだ。再開通までに要した費用は1100万ポンド（およそ20億円）にも達したが、公的資金には頼らず、そのほとんどが市民やメンバーからの募金によって賄われた。イギリスにおける鉄道文化財の掘り起こしは、想像をはるかに超える深さで市民の間に浸透しているのだ。

すべてに大らかなのは、大陸的な気質から!?
―アメリカ・B&O鉄道博物館の3802号

では、世界経済のリーダー的存在、アメリカにおける鉄道文化財の掘り起こしはどのような状況になっているのであろうか。アメリカを代表する鉄道博物館の一つ、「B&O（ボルティモア&オハイオ）鉄道博物館」を例にその実情に迫ってみた。

B&O鉄道博物館は、1830（天保元）年にアメリカで初めて鉄道による定期旅客輸送が開始されたときのアメリカ東部のメリーランド州にある始発駅、マウント・クレア駅が開設された場所に、1953（昭和28）年に設置された。ここは、のちにB&O鉄道のマウント・クレア工場が置かれた場所でもある。B&O鉄道では、歴史的な車両や備品類を各地に分散して保管し続けていたが、それらを集約する場所として、アメリカにおける鉄道発祥の地を選んだのである。

博物館の核となるのが1884（明治17）年建造の扇形庫で、1830年代からのSLなどが一

B&O（ボルティモア＆オハイオ）鉄道博物館の位置図

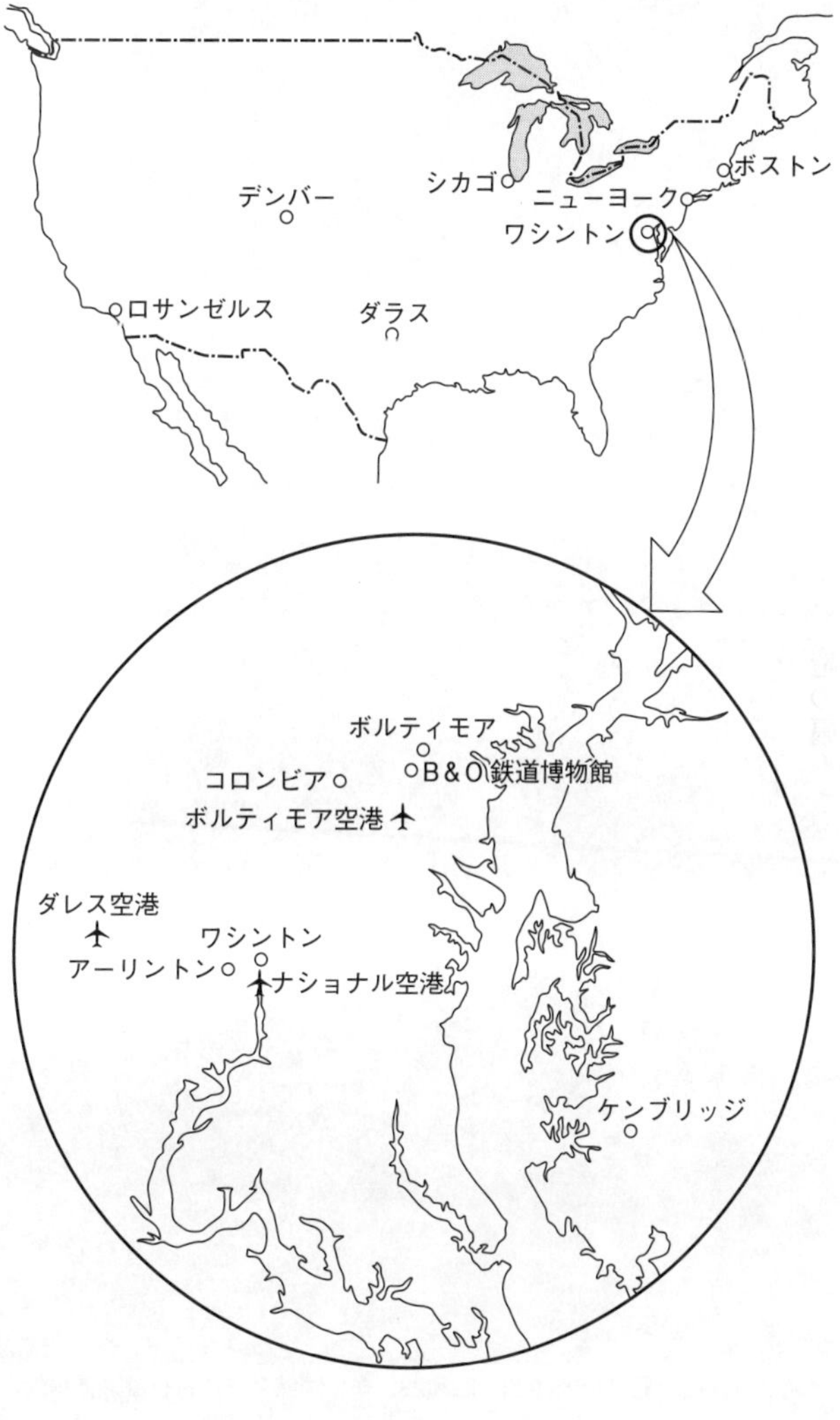

アメリカ鉄道の発祥地で1953（昭和28）年に開館したＢ＆Ｏ鉄道博物館

B＆O鉄道博物館の展示スペースに置かれた貨車。整備前のようであるが…

堂に展示され、屋外にもディーゼル機関車、客車、貨車に至る多彩な車両が集められて、世界有数の規模と称されるまでになった。

それらをざっと見て回るだけでかなりの時間を要するが、イギリスとは明らかに違う〝あること〟に気づく。それは、アメリカでは整備状況が中途半端な車両が多いということだ。イギリスでは、整備が終わって展示されている車両と、まだ整備前あるいは整備中で展示に供さない車両とは、かなり明確に分けられている印象があった。そもそも展示車両とそうでない車両とでは、置く場所からして分けられていることが多かった。

ところがアメリカでは、どこまでが展示車両で、どこからが整備前あるいは整備中の保管車両なのか、今一つ明確でないことが多かった。そもそも当事

アメリカの保存鉄道に乗務する車掌は実にフレンドリー

者が、そうした線引きを意識していないのではないかという印象を受けた。鉄道文化財として掘り起こしてきて、コレクションに加えた時点で、満足して終わってしまっているのではないかと感じられた。

中途半端なのは、車両の整備状況だけではなかった。B&O鉄道博物館の中を歩き回っていたとき、歩道のレンガが途中まで並べられてそのまま放置されていたり、展示用のレールが素人目にも整備不良だと分かるほどひどく波打ったままになっているのを目にした。どうも全体的に大ざっぱなのだ。

これはB&O鉄道博物館に限ったことではなく、アメリカの他の博物館を見て歩いたときにも似たような印象を受けた。あまり細かいことにこだわらない、大陸的で大らかなアメリカ人の気質に由来しているのかもしれない。一方でイギリスの博物館では、

来館者で賑わうＢ＆Ｏ鉄道博物館。
家族連れやカップルも多くみんな楽しそうだ

B＆O鉄道博物館におけるディーゼル機関車3802号の錆落とし・塗り直し作業の様子

B＆O鉄道博物館のスタッフは気さくで、3802号の運転台に添乗させてくれたり、ハンドルを握らせてくれたりした

シェイクをそばに置いて3802号の前照灯にグラインダーをかけるスタッフ

展示車両の編成美にこだわったり、花の飾りつけに凝ったりと、全体に繊細な印象を受けるので、これはイギリス人気質によるものと考えると合点がいく。

アメリカの大陸的で大らかな気質は、ボランティアの在り方にも影響を与えている印象がある。動態保存の列車に添乗しているボランティアの車掌を比較してみると、イギリスでは制服をビシッと着こなして、鉄道員を完璧に演じ切ることに重点が置かれている印象が強かった。これに対して、アメリカの車掌は実にフレンドリーで、乗客たちと一緒にその時間を楽しむことに重点が置かれているように感じた。

私もしばらくの間、B&O鉄道博物館でボランティアの仲間に加えてもらったが、参加する

修復が完成したＢ＆Ｏ鉄道博物館の3802号

3802号の修復が行われていたＢ＆Ｏ鉄道博物館の検修庫

ときの注意点として1行目に書かれていたのは、安全のことではなく、『親しみやすく（笑顔で！）』であった。ちなみに2行目も安全ではなく、『積極的に！』であった。まずは来場者にとって楽しい時間を演出しようという、いかにもアメリカらしい考え方である。

私はイベントでの接客以外に、ディーゼル機関車の3802号の錆落としや塗り直しにも参加させてもらったが、そのときのインパクトは一層大きなものだった。ここでも親しみやすさは最大限に発揮されており、まだ場に慣れていない新米の私にも、他のボランティアスタッフが気軽に声を掛け、機関車の運転台に添乗させてくれたり、ときにはハンドルまで握らせてくれたりした。むしろ私の方が、ここまでさせてもらっていいのかと戸惑うほどであったが、鉄道文化財に関心のある人にはどんどん体験してもらい、積極的に巻き込んでいこうという、アメリカらしいダイナミックさと明快さを感じた。

あるときなど、作業場にシェイクを持ち込んで研磨する台の上に置き、鼻歌交じりに3802号の前照灯をグラインダーで磨きながら、ときどき手を伸ばしてはシェイクを飲んでいるスタッフの姿を見かけた。細かいことにはこだわらず、とにかく楽しみながらやっていこうという、アメリカらしいスピリットがこんなシーンにも現われているように思った。

アメリカとイギリス、鉄道文化財に対する接し方はそれぞれに違って見えたが、鉄道文化財に掛ける愛情の深さは変わらないということであろう。

厳しい大自然が生んだ不屈の精神
―オーストラリア・アサートン高原の保存鉄道

オーストラリアとアメリカは、英語圏の大陸の国家という共通点を持っているが、鉄道文化財に対する接し方となると、両国の印象は少し異なってくる。アメリカは前述のとおり、大らかで大ざっぱな印象であったが、オーストラリアはそれが一段と際立っている印象なのだ。

オーストラリアは日本のおよそ20倍の広大な国土を持つ国で、中でも北東部に位置するクイーンズランド州は、オーストラリア全体の4分の1を占める巨大な州である。州都はオーストラリア第三の都市であるブリスベンで、大都市圏全体の人口は２００万人を超えている。州の真ん中を南回帰線が通る亜熱帯地域であり、世界遺産に登録されているグレートバリアリーフや熱帯雨林が広がっている。

このようにクイーンズランド州は自然が豊かで観光資源に恵まれており、北部のケアンズはその玄関口として、日本からの直行便も就航して多くの観光客を迎えている。

世界中から訪れる観光客に人気なのが「キュランダ高原列車」だ。１８９１（明治24）年に熱

熱帯雨林を開拓して建設されたキュランダ高原列車のキュランダ駅

帯雨林を貫いて開業したケアンズ～キュランダ間33キロのルートを観光列車が走り、沿線風景のハイライトは鬱蒼と木々が茂るバロン渓谷国立公園の中を流れ落ちる壮大なバロン滝である。滝のすぐそばに駅が設けられ、下車観光もできるようになっている。

この区間では工事が難航し、急峻な地形にいくつものカーブを描きながら、ノミとツルハシによる人力とダイナマイトによる爆破を頼りに開削が進められ、中断を経ながらも5年掛かりでアサートン高原への鉄路が開通した。その後も1893（明治26）年にはマリーバへ、1903（明治36）年にはアサートンへ、1910（明治43）年にはハーバートンへ、1916（大正5）年にはレーベンシューへと延伸が続けら

アサートン～レーベンシュー間の保存鉄道の位置図

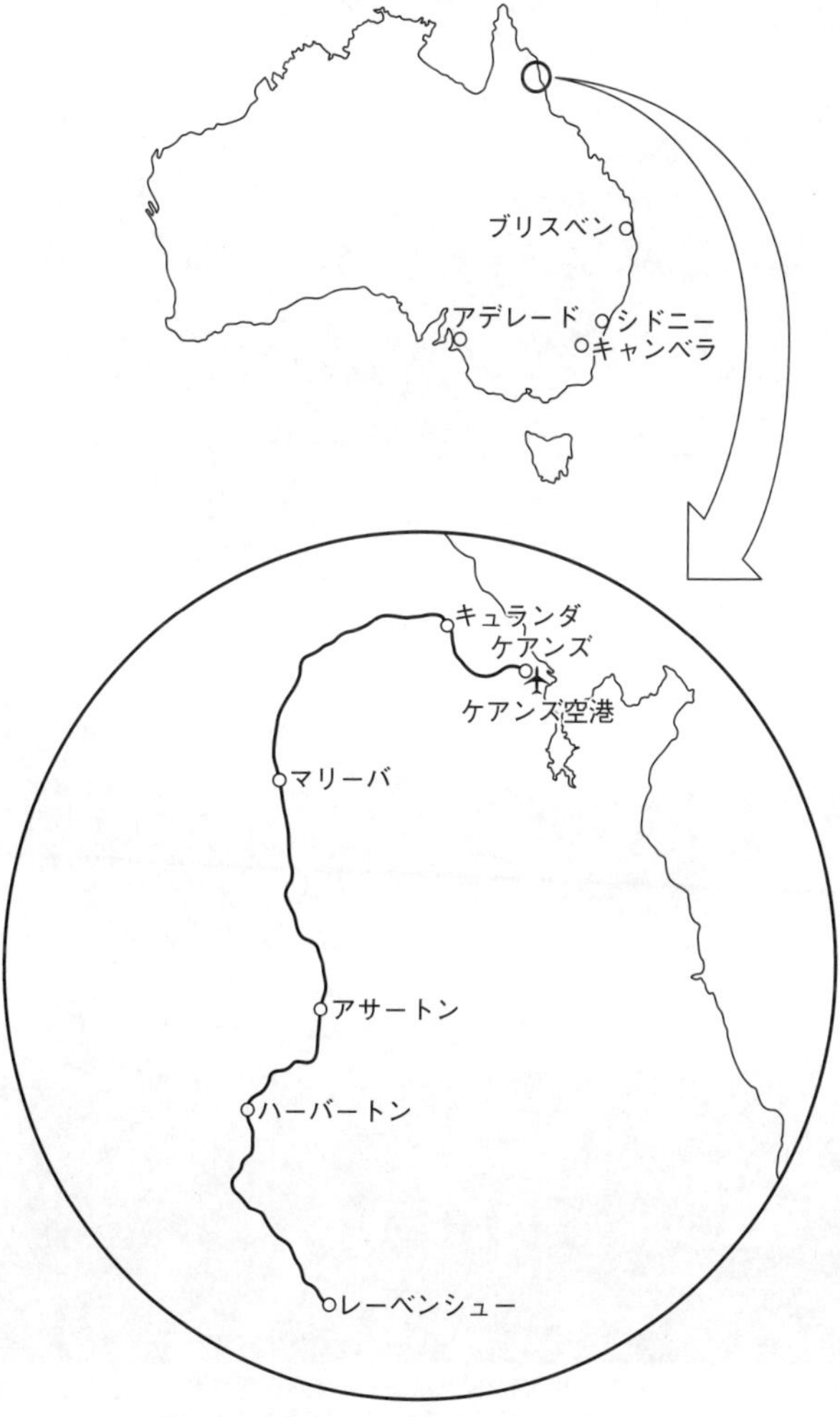

レーベンシューから7キロ区間が保存鉄道として再開通され、動態復元されたSLのD17形№268が1930年代の客車を牽いて運行されている

れ、貨物輸送と旅客輸送の両方を担った。しかし、錫鉱石の価格下落や貨物輸送量の減少で赤字が累積し、アサートンからハーバートンを経てレーベンシューまでの区間が１９８８（昭和63）年に廃止となった。

すぐに立ち上がったのがボランティアのグループで、アサートン～ハーバートン～レーベンシューの56キロの区間を保存鉄道として再興させようと活動を始めた。しかし、その実現よりも先に、途中にある道路との交差部の橋梁が撤去され、区間が南北に分断されてしまった。このため、ボランティアも二つのグループに分かれ、南北2区間の再興に取り組むことになった。

南側の区間では、カペラの町に静態保存されていたＳＬのＤ17形№２６８を動態復元することになり、同機は１９８９（平成元）年11月にレーベンシューまで陸送で運ばれてきた。搬入からわずか半年後の１９９０（平成２）年5月にはボイラーに火が入れられ、旅客を乗せるための客車も１９３０年代の古いものが集められた。同年10月には保存鉄道としての再開通を果たし、レーベンシューからおよそ7キロの区間を、週末に列車が1往復する運行が開始された。２００１（平成13）年には資金難で運行が中断したが、その困難を乗り越えて再開され、クイーンズランド州の駅では最高地点となる標高９６５・７メートルまでの往復運行が現在も続けられている。

一方、北側の区間でも、線路などの修復が精力的に続けられ、アサートンに静態保存されてい

ハーバートン駅に放置されていた車両たち

再び保存鉄道の運転が開始され、営業を再開したハーバートン駅

たＳＬのＣ17形№８１２の動態復元も実現し、１９９６（平成８）年からはいよいよ保存鉄道としての運行が開始された。ＳＬの運行による全長22キロもの長大な保存鉄道は、内外から注目を集める存在となっていたが、２０００（平成12）年には早くも運行中止に追い込まれてしまった。資金的な困難のほかに、内的な要因も立ちはだかったという。せっかく賑わいを取り戻したハーバートン駅にはもとの静けさが戻り、構内には草が生え、車両たちは錆びるままに放置されていた。しかし、このまま諦めて終わりとならないところに、オーストラリア人の気質を感じることができる。

２００３（平成15）年に別のボランティアグループが再び保存鉄道としての運行を目指して立ち上がり、線路の修復を行って、ハーバートン駅か

オーストラリアの北部地域では乾季になると森林火災が相次ぐ

らハーバートン歴史村までの区間で運行を再開したのだ。そこからさらに先へ向けて線路の修復も続けられている。

アメリカの事例では、〝大ざっぱで大陸的〟とその印象を綴ったが、オーストラリアではそこに〝不屈の精神〟が加わって、一段とそれが際立っている印象なのだ。

なぜそのように感じられるのか。その理由を、ケアンズからハーバートン、レーベンシューと巡ったときの道中に見た気がした。サバンナ気候に支配されるオーストラリア北部のこの地域では、乾季にほとんど雨が降らず、あまりに乾燥するため森林で自然発火が相次ぐほどの厳しい気候が続くのだ。運転中も、道路脇で森林火災が発生しているところを何度も見かけた。しかし、まだ延焼中のところでも、消防隊はそれを見守っているだけで消火活動を行っている様子はなかった。自然発生した森林火災は、自然サイクルの一部と見なして、人命に危険が及ばない限りはこうして見守るケースもあるのだという。保存鉄道の線路脇でも森林火災が発生することがあり、運行が中止になることもあるという。このような厳しい大自然と常に対峙しながら生きていることが、オーストラリアの人々の〝不屈の精神〟の根源になっている気がしたのだ。

オーストラリアの鉄道文化財が置かれている逆境は、こうした自然の厳しさによるものだけに留まらず、社会的な環境も影響していると思われる。それは鉄道への関心が育ちにくいという環境だ。

オーストラリアの地図を見ていて気づくのは、広い国土のほんの一部にしか鉄道が通っていないことだ。しかも、その多くが貨物を輸送することに主眼が置かれた鉄道であり、人々が日常生活の移動手段として鉄道を利用する場面が相対的に少ないのである。シドニーなど大都市の一部では近郊列車やライトレール、トラムなども運行されているが、都市間の中・長距離移動の主役は自動車や航空機であり、人々の鉄道に対する親しみというものは必然的に薄くなってしまう。そのような中では、鉄道文化財の保護に関わろうとする人の数は自ずと限られ、保存鉄道の運行なども、一部の少数精鋭の肩に掛かってしまうということになる。

そうした状況は、ハーバートンやレーベンシューのような小さな町だけでなく、ブリスベンのような大都市近郊の町でも同じであり、ブリスベンの南部でSLの運行を行っていた「ビューデザート鉄道」も、2004(平成16)年に種々の問題で行き詰って運行を取りやめてしまった。すでに道路との交差部分のレールも撤去されているという。

このように鉄道が自然的にも社会的にも厳しい環境に置かれているからこそ、オーストラリアでは鉄道文化財の保護に対する〝不屈の精神〟というものが育まれてきたのではないだろうか。

その点からいうと、日本では人々の暮らしの中に鉄道が深く根づいており、マンパワーも決して小さくはないはずであるから、日本の鉄道文化財の将来についてはもっと楽観してもいいのかもしれない。あとはアメリカやオーストラリアのように、もっと大らかで、積極的に楽しむという姿勢が生まれてくれば完璧なはずである。

苦しい状況の中で残されたことが素晴らしい
―フィリピン・ツツバン駅の保存車両たち

鉄道文化財に限らず、近代化産業遺産を保護していこうという取り組みは、経済的にある程度ゆとりが生まれてから着手できるというイメージがある。事実、大規模な鉄道専門の博物館が運営されているのは、世界的に見ても経済的に豊かな先進国がほとんどである。

しかし、それぞれの国で、自分たちが歩んできた歴史、特に近現代史におけるマイルストーンを残したいという想いは、自然発生的に生まれてくる人類共通のものと言ってよいのではないだろうか。先日、フィリピンのマニラを訪れたとき、その想いを改めて強くした。

フィリピンは、大小あわせて7000以上の島からなる多島海国家で、首都マニラがあるルソン島は、その中でも最大の約10万平方キロメートルの面積を持つ島である。近年の経済成長率は3～7パーセント台となっているが、それでも一人当たりのGDPは世界平均のおよそ4分の1程度しかなく、1日2ドル未満で生活する貧困層が国民の30パーセント以上を占めるという苦しい経済状況が続いている。

マニラを拠点として、島の南北を結ぶフィリピン国鉄の路線は、ピーク時には1000キロ以上にわたって整備されていたが、第二次世界大戦以降に復旧したのはその半分以下の500キロ弱で、その後もたび重なる水害などで運行中止となる路線が相次ぎ、1991（平成3）年6月のピナトゥボ火山の大噴火では北方線が機能を失って事実上の廃線となった。

車両や軌道の整備も、財務状況の悪化などで満足には行われておらず、交換部品の購入資金も不足し、稼働している車両よりも、修理中や修理待ちの車両の方が多いという状態が続いていた。

フィリピン国鉄南方線・ツツバン〜カランバ間位置図

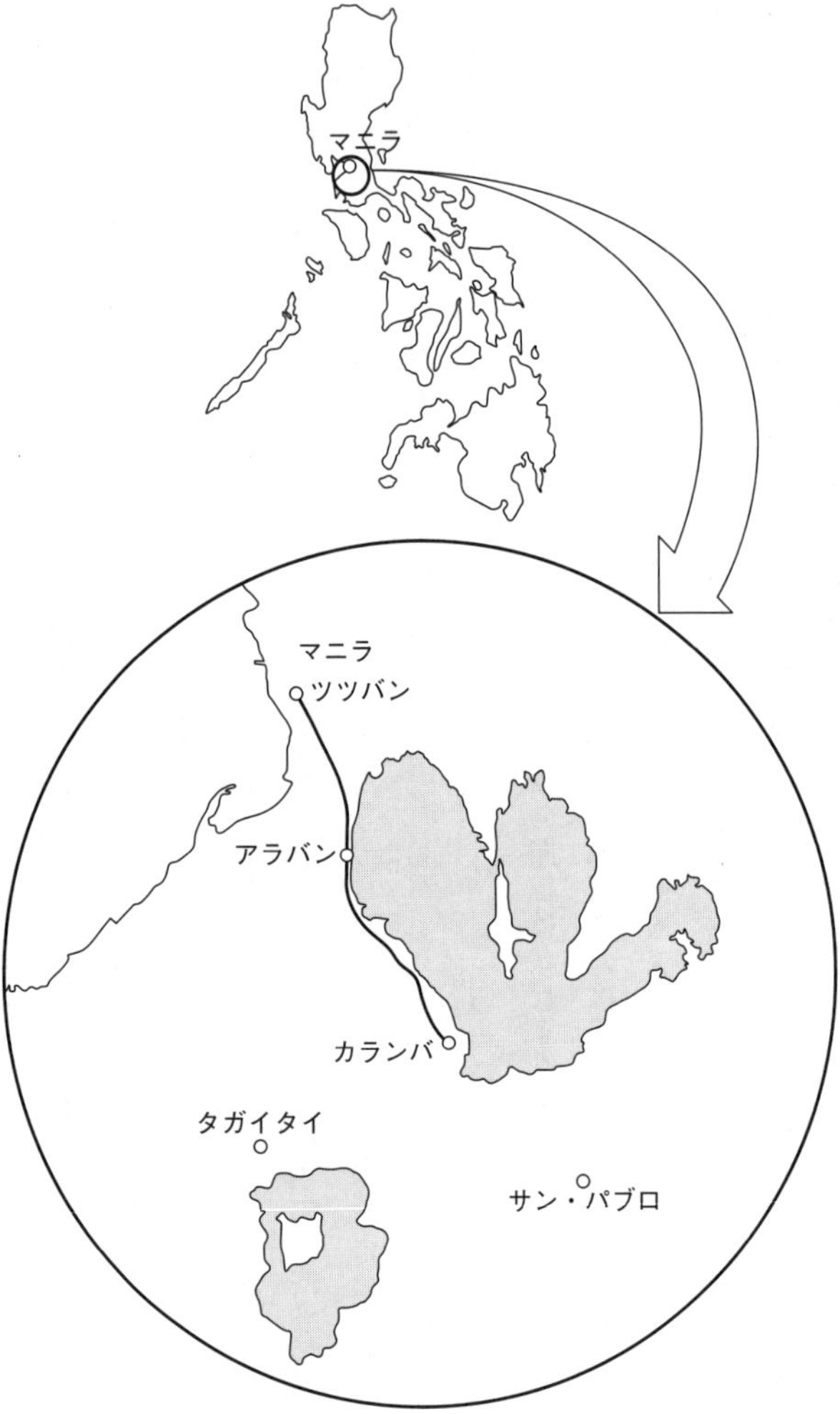

車両と軌道の整備不良が重なったことで、ひどいときには年間30件以上もの脱線事故が発生し、鉄道は国民の信頼性を失い、乗客の減少傾向が続いた。

1991（平成3）年7月からは、日本からの円借款により、「国鉄通勤南線活性化事業」として56キロ超の区間でコンクリート枕木の導入やバラストの投入などの軌道整備が行われたが、整備後にバラストが不法採取されて販売されたりしたため、軌道の安定性が再び損なわれてしまった。

2015（平成27）年3月現在、運行が続けられているのは南方線のツツバン～カランバ間の56キロだけで、そのカランバまで走る列車は1日わずか1往復しかなく、途中のアラバンまでで大半の列車が折り返してしまう。このツツバン～アラバン間の28キロだけは、朝夕は30分間隔、日中は1時間間隔で列車が走り、各列車ともほぼ満員で首都圏の足として機能しているが、戦前のピーク時の路線網から比べると、その衰退ぶりには驚くべきものがある。

そのような状況ではあったが、マニラ市内にあるツツバン駅を訪れたとき、私は思わず目を見張った。入口の両脇に、何とSLが保存されていたのだ！　まさかと言っては失礼だが、フィリピンで保存SLに対面できるとは思ってもみなかった。

保存されていたのは、フィリピン国鉄の前身であるマニラ鉄道で使われていた「カバナトゥア

フィリピン・マニラ市内のツツバン駅で保存されているSL「カバナトゥアン」（上）と「ダグパン」（下）

ン（CABANATUAN）」と「ダグパン（DAGUPAN）」であった。解説板などはなかったため、帰国してから調べたところでは、どちらもイギリスのカー・ステュアート社の製造で、前者は１９０５（明治38）年製、後者は１９０７（明治40）年製とのことであった。製造から１００年を超えるＳＬが、引退してからも屑鉄として売り払われず、今日まで保存されてきたことが奇跡のように思われた。

しかし、奇跡のようなことはそれだけではなかった。ツッバン駅の駅舎に足を踏み入れると、そこには黄色の車体で窓枠に赤のアクセントを配した、可愛らしい巡視用のモーターカーが保存されていたのだ！　四角く囲まれた枠の中にはバラストも敷き詰められてレールが敷かれ、車内には一人分の運転席と、大人でも詰めれば４人ぐらいは座れそうな木製のベンチが備えられていた。

背後の壁には、このモーターカーのレストアの全経過が写真で紹介されていた。前輪が脱線して藪に突っ込んだまま放置されていた姿から、草むしたレールの上を人力で押して引き揚げていくシーン、それをトラックに積み込んで運び、バラバラに分解して磨き上げていくシーン、そしてボディーの木製部品の大半を新しい材料で組み直しているシーンまで、モーターカーが復活を遂げていく過程が詳細に記録されていた。

私はひどく感動した。現役車両の整備だけでも手一杯なはずなのに、これから使うわけでもな

ツツバン駅の駅舎内に保存されている巡視用モーターカーの外観と車内

モーターカーのレストアの経過を紹介した写真の一部

いモーターカーのレストアに、これだけ多くの人たちが情熱を傾けたことが素晴らしく思えた。

　鉄道の現場で働く人たちにとって、ときに車両は生き物のように思えるという。大事に整備してやると機嫌よく走るが、手を抜くとヘソを曲げて悪態をついたりする。そうやってご機嫌を取りながら日々の整備を続け、無事に役目を終えて引退するところまで見届けた車両は、関係者にとって大変思い入れの深い存在であることは想像がつく。

　こうして残された鉄道文化財たちには、フィリピンの鉄道史を改めて振り返るときなど、今よりもはるかに大きな価値を有する存在として見出される日が必ず来るはずだ。その日まで、大切に残していって欲しいものである。

第4章　鉄道文化財の掘り起こし、これからを見つめる

ここまで、鉄道文化財の掘り起こしとその保存について、日本そして海外の事例を数多く見てきた。厳しい現状にも関わらず、多くの人たちの諦めない情熱が、ときにはミラクルを起こし、幾多もの鉄道文化財の掘り起こしに結実してきた。しかし、まだまだ数多くの鉄道文化財が掘り起こされるのを待っている状況であり、その数は今後も増え続けるはずである。鉄道文化財の掘り起こしは、これからも多くのエネルギーを必要としており、さらに、掘り起こしたあとの鉄道文化財についても、その活かし方を発展させていくことが必要である。最終章では、鉄道文化財を取り巻く未来について考えていきたい。

掘り起こしを待つ鉄道文化財たち
―鹿児島県・旧鹿児島交通の車両群ほか

鉄道文化財は、博物館や公園などで公開されているものは、その存在を広く知られているが、実はそれ以外にも、数多くの鉄道文化財が出番を待ったままで眠っている。中には出番を待ちき

れずに、劣化して崩壊してしまったり、壊されたりしてしまったものも存在する。

こうした出番待ちの鉄道文化財は、鉄道工場や車両基地の片隅に非公開のまま押し込まれていることが多い。滅多に人の目に触れないことから、存在自体をほとんど忘れ去られているものもあるだろう。そのような車両を保有している企業や組織のしかるべき立場の方が、その存在価値を理解し、いずれは活用の途があるという考えをお持ちであれば、当面は安心である。しかし、企業や組織には必ず人事異動がある。前任の方とは異なる考え方をお持ちの方がその立場になった途端、そのような車両が一掃されてしまうケースもある。外部者である私たちは、ああ残念とため息をつくほかない。ただ、費用を掛けて壊してしまうぐらいであれば、きれいに手放せるようなシステムも作っておいた方が、それを抱え込んでいる当事者にとっても、それを欲している当事者にとっても、幸せなのではないだろうか。そうした当事者間の橋渡しをする〝キューピッド〟の存在については、この章の後半で述べることにする。

さて、掘り起こしを待っている車両が数多く存在すると述べたが、その中でも特に気になる車両がいくつかある。

その一つは、「リニア・鉄道館」の落選組の車両たちだ。リニア・鉄道館は、名古屋市が２００７（平成19）年度に策定した「モノづくり文化交流拠点構想」への参画要請を受けたＪＲ東海に

美濃太田車両区で保管されている車両たち

よって、２０１１（平成23）年3月に名古屋のウォーターフロントに華々しくオープンした国内を代表する鉄道博物館の一つである。ここの収蔵車両には旧・佐久間レールパークから移設されたものが含まれているが、すべての車両が移設されたわけではなく、２００９（平成21）年11月に同パークが閉園する際、現地で複数の車両が解体されてしまったことは前述したとおりである。しかし、実はこれ以外にも、リニア・鉄道館への収蔵から漏れ、別の場所で保管されている車両があるのだ。

それらの車両が保管されているのは、岐阜市の東方の美濃加茂市にあるＪＲ東海の美濃太田車両区で、高山本線や太多《たいた》線で使われるディーゼルカーなどが配置されている規模の大きな車両基地である。かつてこの美濃太田車両区では、構内の奥まった位置に20両以上の歴史的な車両が保管されていた。特急「ひだ」に使われていたキハ82系ディーゼルカーや、特急「しなの」に使われていた381系電車、JR四国から購入してはるばる運ばれてきたキハ181系ディーゼルカーのほか、急行用車両、通勤形車両、旧形客車までが集められていた。いずれも、引退後に解体対象から外されて保管が続けられてきた車両である。

保管が続けられていた車両のうち、代表的なものはリニア・鉄道館に収蔵されたが、その対象から漏れた車両は、残念ながら2013（平成25）年ごろに大半が解体された。ただ、収蔵から漏れた落選組の一部は、今も美濃太田車両区の中で保管が続けられている。それらの車両は以下のとおりである。

◎クモハ103 18：国鉄時代に系列全体で3447両が製造された代表的な通勤形電車。旧神領《じんりょう》電車区（愛知県春日井市）F15編成の先頭車である。

◎キハ30 51：非電化区間の通勤通学輸送に活躍したディーゼルカー。1989（平成元）年まで伊勢車両区（三重県伊勢市）に配置されて活躍した。2008（平成20）年まで車籍が残されていた。

◎キハ58 787：国鉄を代表する急行形ディーゼルカーで860両が製造された。キハ30と同じく晩年は伊勢車両区に配置されていた。

◎トキ900形48337：戦時下に輸送効率を重視して製造された30トン積みの無蓋車。資材を節約しながら８２０９両もの大量の増備がなされた。１９５９（昭和34）年までに全廃されたが、浜松工場に構内作業用として下回りが残っていたことから２０００（平成12）年に復元された。

これらの車両には厳重にカバーが掛けられており、劣化を防ごうとする対策が取られている。いずれも貴重な車両であり、これから何か活用の道が残されているのか、大いに注目されるところである。どこかで新たな出番があることを願いたい。

このほかにも、ＪＲ東日本の長野総合車両センターに保管されているＥＤ60形、ＥＤ62形、ＥＦ62形、ＥＦ63形の直流電気機関車群や、新幹線総合車両センター（宮城県）に保管されているＥＤ71形、ＥＤ75形、ＥＤ77形、ＥＤ78形、ＥＤ91形、ＥＦ71形の交流電気機関車群は、それぞれ電気機関車の発達史を語る上で掛け替えのないコレクションである。しかし、当初はきれいに整備されていたものが、最近では劣化が目立つようになってきており、特に後者は公開が中止となってしまったことからも行く末が心配されるところだ。

そして最も気になる存在が、鹿児島県南さつま市の旧加世田《かせだ》駅に保管されている鹿児島交通の車両たちだ。鹿児島交通は、伊集院《いじゅういん》〜枕崎間49・６キロを結んでいた非電化の鉄道で、１９１４（大正３）年に南薩鉄道として開業以来、70年にわたって薩摩半島の西側を走り続けていたが、豪

長野総合車両センター（上）と新幹線総合車両センター（下）で保存されている電気機関車群

雨で甚大な被害を受けて１９８４（昭和59）年3月に廃止となった。この鉄道会社では代々、古い車両を残しておく伝統があり、はるか昔に引退したＳＬなどもずっと保管されていた。鉄道が廃止されたあともこれらの車両は保管され続け、１９９４（平成６）年には旧加世田駅に「南薩鉄道記念館」が開設され、車両たちはそこで展示されることとなった。プラットホーム風に仕立てられた展示場には屋根も設けられ、これで車両たちは安泰かと思われた。

ところが、それからわずか10年後の２００５（平成17）年には、その位置にショッピングセンターが建設されることになり、車両の展示場は解体され、3両のＳＬと3両のディーゼル機関車、1両の気動車がもとの場所から消えてしまった。

それらの車両は解体されたのではなく、何とバスの車庫に押し込まれて保管されていたのだ。いくら広いバスの車庫とはいえ、さすがに鉄道車両は大きく、どう見ても窮屈そうにしか見えなかった。その状態のままですでに10年が経過しているが、廃止から数えると30年、いつまでもこの状態が保てるとも思えない。そろそろ市民や行政なども巻き込んで、本気で掘り起こしを考えないといけない時期に来ているのではないかと気掛かりだ。

鉄道文化財は、ある日どこかから急に飛び出してくるものではなく、このように水面下で脈々と継承されてきて初めて日の目を見ることができるのだが、そのすべてが日の目を見るわけでは

バスの車庫に保管されている旧鹿児島交通の歴史的車両たち

なく、途中で息絶えて消えてしまうものも数多い。だからこそ、そうなってしまう前の掘り起こしが引き続き重要であるのだ。

キーワードは〝組み合わせ〟
―岡山県・旧津山扇形機関車庫のＤＥ50形ほか

掘り起こしを必要とする鉄道文化財はまだまだたくさん存在するが、それでも、この20年間で鉄道文化財を取り巻く状況はずいぶんと明るい方向に変わってきた。１９９７（平成9）年、現在は鉄道博物館に収蔵されている1号機関車が鉄道車両として初めて国の重要文化財に指定され、２００５（平成17）年には加悦ＳＬ広場の１２３号機関車がそれに続いたことは象徴的だった。また、同じく20年の間に、各地で鉄道文化財を支えるボランティア団体が誕生し、それぞれの場所で市民が自発的な取り組みを行って、大きな成果を上げてきたことは心強いところである。

単体としての史料や車両の保存、あるいは単体としての施設の保存という点で考えれば、今の流れのままでも十分であると言えるが、今後さらに発展させていくためには、〝組み合わせ〟というキーワードが一層大切になってくる。

最も分かりやすい例が、第2部の第2章で採り上げた６０００形、Ｔ10形などのコンテナであ

コンテナ車とコンテナの組み合わせで展示を行うことにより、それらの果たした役割などがよく伝わる（鉄道博物館にて）

福知山駅南口公園に保存されたターンテーブルはC11 40とセットで展示されていることで、その役割が一目で分かる

る。それぞれが単体でも貴重であることに変わりはないが、ただコンクリートの地面の上にポンと置かれているだけでは、見た人がその意義を理解することは難しかった。それが鉄道博物館に収蔵され、コキ50000というコンテナ車と組み合わされたことによって、コンテナが実際にはどんなふうに使われていたかを一目瞭然で理解することができるようになった。コンテナ車もまた、コンテナなしの単体で置かれていても、やはりその意義を理解してもらうことは難しかったはずである。両者が組み合わされたからこそ、それぞれの価値が引き出されたと言えるのだ。

これはターンテーブルのケースにも当てはまる。美作河井駅と作並駅で掘り起こされたターンテーブルは、現役時代を知っている人ならば容易にその意義が理解できるが、初めて見る人には、その意義が分かりにくい。やはりベストなのは、実際にターンテーブルを必要としていた車両を一緒に展示することであり、京都府福知山市の福知山駅南口公園に保存されたターンテーブルには、兵庫県篠山市から移設されたC11 40が展示されて効果を上げている。

SLには不可欠であった給水塔や給水柱などの設備も同様であり、北海道滝川市の滝川市郷土館前では、D51 297と給水柱を組み合わせて保存し、相乗効果を上げている。鉄道の現場から遠く離れた公園などにポツンと置かれているSLにとっても、他の設備や車両と組み合わせることで、単体で保存されているよりも現役時代のイメージがより伝わりやすくなるという効果が期待できる。

栃木県真岡市の井頭公園に静態保存されていた9600形49671も、「SLの走るまち」をテーマとして町づくりを進めている真岡市の施策で真岡鐵道の真岡駅前に移設され、羊蹄丸から救出されたスハフ44形や、各地から集められた貨車などと組み合わされたことで、全体として魅力が高まった好例の一つである。

1両のディーゼル機関車が扇形機関車庫と組み合わされたことがきっかけとなって、大きな保存施設へと発展した例もある。1970（昭和45）年に製造されたDE50形は、当時としては最

貴重な車両が集結し､観光客を集める施設へと進化した旧津山扇形機関車庫。左端の車両がDE50形

高出力を誇るエンジンを搭載し、次世代のエース機関車として期待されていたが、国鉄の財政難などで量産化が見送られてしまった。製造されたのはたった1台で、引退後は岡山の車両基地の片隅で色褪せたまま放置されていた。それがボランティアたちの再塗装をきっかけに注目されるようになった。巨大な扇形機関車庫が残る津山へ移設されてからは、それが呼び水のようになって、次々と貴重な車両が集結、毎回の公開日には多くの観光客を集める人気施設へと成長した。扇形機関車庫そのものはずっと以前からあったのだが、それが単独で存在していただけは、ここまでの反響が生まれることはなかっただろう。

このように、車両や史料、施設等を組み合わせることで、それぞれの鉄道文化財が持つ意義と魅力が相乗的に高められていくことになる。鉄道文化財の長期的な継承を成功させる上で、組み合わせることの重要性は、これからも増していくことが考えられる。

求む、キューピッド⁉
―宮城県・船岡駅前のＥＤ71形ほか

そうした組み合わせが実現する上で、ときに大きなカギとなるのが、その橋渡し役を担う〝キューピッド〟の存在である。

第2部の第2章で紹介したように、蒲原鉄道のモハ71とクハ10のケースでは、故人が頑張って残された鉄道文化財を、遺族の方たちは何とか残したいと引き取ってもらえる先を探されたが、結局見つからずにやむなく解体という決断を下された。部品類だけは何とか引き継がれたが、車体は失われてしまった。同様の残念なケースをこれまでいくつも聞いてきた。

徳島県阿南市で京都市電を個人で保存されていた病院長のケースでも、ＳＯＳをキャッチしてご連絡したときには、もう市電は解体されたあとだった。個人に限らず、ボランティアグループのような団体であっても、ときにマンパワーや財政面で行き詰るケースが出てきてしまう。

そうしたとき、うまく橋渡し役を務められるキューピッドの存在があれば、救われる鉄道文化財の数はもっと多くなるはずである。

腹の出た中年の私などは、どのように頑張っても自分のことをキューピッドなどとは呼べないが、それでもピンチを聞きつけたときには、可能な限り頑張ってきたつもりだ。ただ、本章の最初で述べたような、複数の大型車両が同時に掘り起こしを待っているような場合には、とても個人の力で何とかできるものではない。継続性と公平性の観点から考えても、そうした場合には〝公的な〟キューピッドの存在がどうしても必要になってくる。

鉄道事業者や保存団体で組織されている「日本鉄道保存協会」がそうした役割の一部を担ったこともあり、北海道で多数のSLを個人で抱えていた方のコレクションを引き継いだケースを第1部で紹介したが、一般からの個々の相談に細やかに対応することまでは実際のところ難しい。これだけネットが発達した現代であるから、たとえば一定以上の規模を持つ博物館や保存団体などのホームページに、そうした相談のできる窓口を作り、関係者間で情報を共有しながら最善の対応を考えられるようなシステムができれば、公的なキューピッドのような役割を担えるのではないかと思う。

そうした公的なキューピッドの形成を願いつつ、個人としてできることはそれぞれがこれまでどおり頑張っていく必要があると考えており、目下は宮城県柴田町の東北本線船岡駅前で保存されている交流電気機関車のＥＤ71形と旧形客車のオハフ61を、たとえば作並の元機関庫に保存で

交流電化にまつわる保存車両の導入が期待される作並駅の元機関庫

きないかなど、橋渡し役を担える部分がないか探しているところである。
作並駅では、前述のとおりターンテーブルの発掘までは達成されたが、せっかく残っている交流電化発祥地の元機関庫には保存車両などがなく、観光客の呼び込みにつながる目玉としての保存車両の導入が望まれている状況である。
一方のＥＤ71形とオハフ61形は、それぞれ国内に2両ずつしか現存しない貴重な車両であるが、屋外展示が長く続いたために、雨漏りなどがいよいよ深刻な状況となっている。
もし両者が組み合わされれば、目玉の欲しい旧作並機関庫に、東北の交流電化の進展に大きく貢献したＥＤ71形と、戦後の復興期に乗客の安全性を確保しながら着席率を上げたオハフ61

東北本線船岡駅前に保存されているED71とオハフ61

形が揃うことになる。車両たちにとっても、旧機関庫の中であれば、雨や雪から車体が守られ、もう雨漏りの心配などしなくてよいことになる。実現は決して容易ではないが、何とか両想いに結びつけられないかと願っているところである。

町づくりに活かしてこその鉄道文化財
―秋田県・小坂鉄道レールパーク

せっかく大きなエネルギーを費やして掘り起こした鉄道文化財なのだから、それを町づくりに活かしてこそ、より多くの人たちにその価値が理解され、後世に引き継いでいくエネルギーを生むことにもつながる。掘り起こしに必要なエネルギーがあまりにも大きいため、その後の維持に必要なエネルギーが過少評価されてしまいがちであるが、掘り起こしたあとにもエネルギーは必要であり、そのためにも、掘り起こした鉄道文化財をどんどん町づくりに活かしていくことが重要である。

最近、鉄道文化財を活かした町づくりで注目度が急上昇しているのが、秋田県の小坂町である。

小坂町は鉱業の町として知られ、19世紀初頭に発見された小坂鉱山は、銀の生産高が日本一になったこともあり、ほかにも金、銅、亜鉛などの採掘も盛んで町は大いに賑わった。

2014（平成26）年6月にグランドオープンした「小坂鉄道レールパーク」。国内の常設施設で初めてディーゼル機関車の体験運転も開始され、大きな反響を呼んでいる

テレビのニュースやCMにも登場した、小坂鉄道廃線跡を乾電池で走行したダンボール製の列車

１９０８（明治41）年には大館《おおだて》～小坂間でナローゲージの小坂鉱山専用鉄道が開設され、１９６２（昭和37）年には改軌も実現したが、小坂鉱山での採掘が１９９０（平成２）年までで終了し、残っていた濃硫酸輸送も２００８（平成20）年までで終了となったため、鉄道は２００９（平成21）年に歴史の幕を下ろした。

鉱山に続き鉄道も失った小坂町であったが、町の発展を支えてきた鉄道にまつわる文化財を町づくりに活かすべく、２０１４（平成26）年に廃線跡や橋梁、駅舎、車両の無償譲渡を受けた。旧小坂駅構内の土地も貸与を受け、その広大な駅構内と多彩な車両を活かして「小坂鉄道レールパーク」が

小坂鉱山の厚生施設として建てられ、国の重要文化財に指定されている芝居小屋「康楽館」

開設された。

「観て・学んで・体験できる」をキャッチコピーに、車両や施設の見学のほか、レールバイクの乗車体験、そして国内の常設施設としては初めてとなるディーゼル機関車の運転体験も開始され、大きな反響を呼んだ。

さらに大きな話題となったのが、2014（平成26）年11月に小坂鉄道の廃線跡で行われた、ダンボール製の車両を乾電池で走らせるイベントであった。このイベントは、総重量約1トンの車両を、単1乾電池99本でおよそ8・5キロの距離を有人走行させるというもので、遊び心が満載のダイナミックな試みであった。その模様は全国ニュースで流され、テレビCMともなったため、小坂町の名前を大いに知らしめることになった。

町内には、1905（明治38）年に建てられた「旧小坂鉱山事務所」や、小坂鉱山の厚生施設として1910（明治43）年に建てられた国内最古級の劇場の一つである芝居小屋「康楽館」も現存し、いずれも国の重要文化財に指定されているが、今回誕生した小坂鉄道レールパークとの回遊性を重視した観光コースの設定やパンフレットづくりが行われている。観光資源として新たに加わった鉄道文化財をフルに活かしながら、地域振興につなげていこうとする小坂町の取り組みは、鉄道文化財を活かした町づくりの理想形の一つとして、これからも注目を集めていくに違いない。

おわりに

鉄道文化財は、世代を超えて親しまれやすい要素を持っている一方で、まだ価値評価が不安定であるため、せっかく公園に保存されているＳＬが遊具の延長のような扱いしか受けていなかったり、せっかく残されていた古い貴重な車両が瞬く間に消えてしまったりするケースもまだまだ見受けられる。しかし、かつて親友と交わした〝物さえ残っていれば、あとは何とかなる〟という合言葉のとおり、大切な鉄道文化財を今のうちに掘り起こしておけば、たとえすぐには理解されなくても、きっと次世代の人たちがそれを評価して活用してくれる。それは鉄道文化財に携わっている多くの人たちに共通する気持ちなのではないかと思う。これからも、鉄道文化財の掘り起こしに微力ながらも加わっていきたいと思う。これまでの掘り起こしで大きなエネルギーを与えてくださった皆様に御礼を申し上げて、本書の結びとしたい。

笹田昌宏（ささだ まさひろ）
1971年生まれ。医師、作家。第10回旅のノンフィクション大賞受賞。著書に「全国トロッコ列車」〔岸由一郎共著〕、「英国保存鉄道」「『ボロ貨車』博物館　出発進行！」「あの電車を救え！　親友・岸由一郎とともに」（いずれもJTBパブリッシング）、「ダルマ駅へ行こう！」（小学館）、「学ぼう、遊ぼう、おやこ鉄っ！」「フツーじゃない！　普通列車こだわり旅」「廃駅。」「国鉄＆JR保存車大全」（イカロス出版）、「『パパ鉄』バイブル～大満足の全国鉄道スポット55」（講談社）がある。鉄道文化財を市民の立場から守るボランティア団体・ふるさと鉄道保存協会の副理事長を務め、各地に講演や支援に出向いている。

交通新聞社新書079
よみがえる鉄道文化財
小さなアクションが守る大きな遺産
（定価はカバーに表示してあります）

2015年4月15日　第1刷発行

著　者――笹田昌宏
発行人――江頭　誠
発行所――株式会社　交通新聞社
http://www.kotsu.co.jp/
〒101-0062　東京都千代田区神田駿河台2-3-11
NBF御茶ノ水ビル
電話　東京（03）6831-6550（編集部）
東京（03）6831-6622（販売部）

印刷・製本―大日本印刷株式会社

ISBN978-4-330-56115-8

読む・知る・楽しむ鉄道の世界。

終着駅はこうなっている―レールの果てにある、全70駅の「いま」を追う　谷崎　竜

命のビザ、遙かなる旅路―杉原千畝を陰で支えた日本人たち　北出　明

蒸気機関車の動態保存―地方私鉄の救世主になりうるか　青田　孝

鉄道ミステリ各駅停車―乗り鉄80年 書き鉄40年をふりかえる　辻　真先

グリーン車の不思議―特別車両「ロザ」の雑学　佐藤正樹

東京駅の履歴書―赤煉瓦に刻まれた一世紀　辻　聡

鉄道が変えた社寺参詣―初詣は鉄道とともに生まれ育った　平山　昇

ジャンボと飛んだ空の半世紀―〝世界一〟の機長が語るもうひとつの航空史　杉江　弘

15歳の機関助士―戦火をくぐり抜けた汽車と少年　川端新二

鉄道落語―東西の噺家4人によるニューウェーブ宣言　古今亭駒次・柳家小ゑん・桂しん吉・桂梅團治

鉄道をつくる人たち―安全と進化を支える製造・建設現場を訪ねる　川辺謙一

「鉄道唱歌」の謎―〝♪汽笛一声〟に沸いた人々の情熱　中村建治

青函トンネル物語―津軽海峡の底を掘り抜いた男たち　青函トンネル物語編集委員会／編著

「時刻表」はこうしてつくられる―活版からデジタルへ、時刻表制作秘話　時刻表編集部OB／編著

空港まで1時間は遠すぎる!?―現代「空港アクセス鉄道」事情　谷川一巳

ペンギンが空を飛んだ日―IC乗車券・Suicaが変えたライフスタイル　椎橋章夫

チャレンジする地方鉄道―乗って見て聞いた「地域の足」はこう守る　堀内重人

「座る」鉄道のサービス―座席から見る鉄道の進化　佐藤正樹